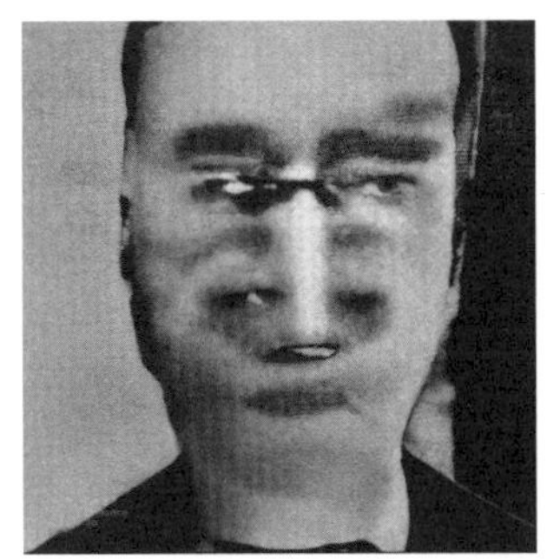

앞의 이미지는 '챗GPT의 자화상(A Portrait of ChatGPT)'이라는 프롬프트로 AI가 생성했습니다.

인간이 지워진다

AI 시대, 인간의 미래

김덕진, 송태민, 우희종, 이상호, 류덕민

메디치

"인간의 고유한 특성은 결코 기계가 모방할 수 없다"는 진술은 인간에게 위안을 줍니다. 그러나 나는 그러한 위안을 줄 수 없습니다. 왜냐하면 나는 기계에 그러한 한계를 정할 수 없다고 믿기 때문입니다.

– 앨런 튜링(1912~1954), 'Computing Machinery and Intelligence' 중에서

1907년 전기 세탁기가 발명된 이후 1900년대 후반부터 세탁기는 우리 가정에 급속하게 보급됩니다. 로봇 청소기 역시 1996년 출시 이후 2000년대부터 본격 보급되며, 이후 우리의 가사 노동 시간은 크게 줄어들었습니다. 과연 AI는 어떨까요? 우리의 시간을 줄여줄까요, 아예 인간을 대체할까요? 그 답을 이 책에서 찾아보며, AI와 함께할 내일 앞에서 우리는 어떤 준비를 해야 할지 성찰해볼 수 있을 것입니다.

–SK경영경제연구소 김지현 부사장

AI 시대가 도래하면서 우리는 끊임없이 변화하는 세상 속에서 자신의 위치를 찾아야 합니다. 현재 전통기업의 디지털 트랜스포메이션을 고민하는 저에게도 이 책은 새로운 시각과 인사이트를 제공해주었습니다. 미래의 디지털 세상을 준비하고, AI와의 공존 방법을 찾고자 하는 모든 이에게 강력히 추천합니다.

–SK디스커버리 황재선 부사장

챗GPT 이후 AI의 시대가 열리면서, 누구나 AI에 대한 이야기를 하고 있습니다. 그렇지만 대다수가 기술 그 자체에 천착하거나, 산업의 변화 등을 이야기하는 경우가 많고, 우리가 사는 인간사회의 변화에 초점을 맞추어 이야기하는 경우는 많지 않은 듯 합니다. 이 책은 인간 본연의 것으로 믿어왔던 상당 부분의 능력을 AI에 아웃소싱하는 미래 사회에 대해 종교·노동·창의성에 이르기까지, 사람 그 자체에 초점을 맞추어 이야기를 들을 수 있는 굉장히 유익한 책입니다.

–《거의 모든 IT의 역사》 저자 정지훈 박사

지난 수년간 AI는 이미 사람들의 일상과 일터에 스며들었습니다. 2022년 11월 챗GPT 등장 이후 생성형 AI는 스며듦을 넘어 인간의 일상생활에서 혁신을 일으키고 있고, 거의 모든 산업과 사회에 빠른 속도로 변화를 가져오고 있습니다. 바야흐로 과거의 인간은 지워지고 AI와 공존하는 새로운 인류가 탄생하는 시점에 우리는 와 있습니다. 이 책을 통해 독자들은 서로 다른 네 분야의 전문가와 김덕진 소장님의 통찰력 있는 대화를 통해 격변의 시기에 AI와 어떻게 함께 살아갈 것인가에 대한 힌트를 얻을 수 있을 것입니다.

–네이버클라우드 AI 이노베이션 하정우 센터장

일러두기

· 본문에 실린 대담은 2023년 5월에서 9월에 진행되었습니다.
· 편집 과정 중 변화한 IT 이슈에 관해선 각주를 달아두었습니다.
· 각주는 모두 편집자에 의해 작성되었습니다.
· 생성형 AI 서비스명은 외래어표기법을 따르되 관용적인 표기와 동떨어진 경우 실용적인 표기를 따랐습니다.

서문

AI와 인간의 현재 진행 중인 변화들

챗GPT 이후 IT 업계는 매주마다 10년어치의 변화가 발생하는 느낌이다. 2022년 11월 오픈AI가 챗GPT3.5를 대중들에게 공개한 이후 모든 IT 기업들이 연구실 속 꼭꼭 숨겨져 있던 각종 연구결과들을 다양한 형태로 경쟁적으로 쏟아내고 있기 때문이다. 2023년 5월과 6월에 진행된 이 책의 대담 이후 생성형 AI 업계에는 또 수많은 변화가 있었다. 현재 가장 큰 모멘텀은 GPT보다는 오픈소스로 공개된 메타의 라마2(Llama2)이다.

아카데미용으로만 이용할 수 있었던 라마1과 달리 라마2는 상업적으로도 활용할 수 있도록 메타가 작정하고 챗GPT에 대항해서 만든 생성형 AI라 할 수 있다. 조용하게 오픈했던 라마1과 다르게 이번에 메타가 라마2를 오픈할 때는 공식 홈페이지를 만들어 그곳에서 이용자들이 편하게 다운로드를 받을 수 있게 해놓는 등 준비를 단단히 했다. 오픈AI와 구글은 자사의 거대언어모델(Large language model, LLM, 이후 LLM으로 표기)을 사용해 AI를 개발하려는 다른 기업으로부터 상당한 금액을 받고 LLM을 제공하고 있다. 그러나 오픈소스인 메타의 라마2는 누구나 이를 무료로 활용하여 AI를 개발할 수 있다. IT 업계에선 메타의 라마2를 시작으로 오픈소스 LLM이 점차 개선되면 저렴한 비용으로 AI를 개발할 수 있고, 소스코드를 공개하지 않은 챗GPT 등의 폐쇄소스 LLM에 비해 종속성이 적기 때문에 시장 점유율을 잠식할 수 있다는 지적이 나오고 있다. 오픈소스로 소스코드를 공개해 시장을 확대하면 여러 개발자의 수정을 통해 성능을 더욱 개선하는 것도 가능해진다. 게다가 오픈AI에 이어 메타 역시 마이크로소프트와 제휴를 맺었다. 자체 클라우드가 없던 메타의 고민을 MS의 애저(Azure) 클라우드로 인해 해결할 수 있게 된 것이다. 물론 가장 신이 난 건 MS다. 이제 마이크로소프트의 클라우드 안에서 오픈AI의 챗GPT와 메타의 라마2를 이용할 수 있으니 MS 입장에선 두 가지 패를 모두 손에 쥐게 되었다. 클라우드 진영의 전통 강자인 아마존 역시 클라우드 비즈니스에서 움직이는 MS의 행보를 보며 자체적인 언어모델인 '타이탄'과 챗GPT의 대항마인 앤트로픽(Anthropic)의 AI 챗봇 '클로드(Claude)', 생성형 이미지 도구인 '스테이블 디퓨전(Stable Diffusion)' 등이 포함된 '베드락' 이라는 복합적인 형태의 서비스를 출시하면서 경쟁의 강도를 높이고 있다.

이번 라마2를 내면서 메타는 퀄컴과도 손을 잡았다. 퀄컴은 안드로이드 스마트폰의 AP를 만드는 회사인데, 컴퓨터에서 CPU와 같은 역할을 하는 장치인 AP 분야에서 전 세계 1, 2위를 다투는 기업이다. 메타가 이들과 손을 잡았다는 건 앞으로 안드로이드 스마트폰 안에 라마2가 탑재되어 나온다는 것이고, 이렇게 되면 안드로이드 진영에서는 1~2년 안에 생성형 AI가 어떻게든 탑재되어 나올 것을 예상해 볼 수 있다.

그 여파인지 아이폰의 AP를 자체적으로 만들고 있는 애플 역시 생성형 AI를 개발하고 있다는 내용을 언론에 흘렸고, 7월 20일 언론은 일제히 애플GPT에 관한 기사를 내며 애플의 주가는 다시 한껏 상승세를 찍었다. 테슬라의 일론 머스크는 얼마 전 오픈AI가 143억 원을 들여 구매한 'AI.COM'이라는 도메인을 오픈AI로부터 재구매하여, 이를 본인이 7월 12일에 만든 AI 회사인 'X.AI'의 홈페이지 주소로 연결하였다.

구글의 행보도 주목할 만하다. 실은 지금의 챗GPT와 같은 다양한 LLM이 만들어 질 수 있었던 이유는 구글에서 2017년에 발표한 논문 "Attention is all you need"에서 Transformer라는 방식을 처음으로 제안했기 때문이다. 즉, 생성형 AI 연구의 원조 격은 구글이라 할 수 있고, 실제로 오픈AI보다 더 빨리 람다 기반의 초거대 AI 기술을 준비했었다. 하지만 기술력과 상용화 서비스까지 검증한 구글이 이 기술을 적극적으로 사업화 하지 않고 연구 수준에서만 발전시키는 동안 챗GPT가 세상을 뒤집어놓았고, 이후 2023년 2월 급하게 출시된 구글의 '바드(Bard)' 시연회 결과는 처참한 실패를 맛보며 하루 만에 주가가 7.7% 급락하는 모습을 보여주게 된다.

이는 '코닥의 딜레마'를 그대로 재현하는 모습이었다. 디지털카메라를 세계 최초로 개발한 코닥은 당시 자사의 캐시카우였던 필름 사업을 무용지물로 만들 수 있는 디지털카메라 시장을 쉽사리 키우지 못했고, 결국 시장을 빼앗겼다. 구글의 핵심 매출은 검색기반 광고시장이다. 생성형 AI 기술은 이 시장을 위협할 수 있고, 때문에 구글이 생성형 AI 상용화에 관한 의지가 없는 게 아니냐는 비판이 이어졌다.

하지만 구글은 8월 말 '구글 클라우드 넥스트' 행사를 통해 다양한 생성형 AI 기술을 발표하며 이러한 우려를 잠식시키고 있다. 행사의 주요 연사 목록에 올라 있지 않던 순다르 피차이 구글 CEO가 오프닝에 깜짝 등장한 것만 봐도 구글이 'AI와 클라우드'를 얼마나 중요하게 여기는지 알 수 있는 대목이었다. 순다르 피차이는 이날 향후 10년 구글의 미션 달성을 위한 가장 중요한 방법은 "AI를 유용하게 만드는 것이다"라고 말하며 그들의 새로운 전략을 발표하였다. 전략의 핵심은 구글의 기술을 계속 키우면서도, 구글의 기술만으로는 감당이 되지 않을 정도로 빠르게 성장하는 생성형 AI 시장에서 주도권을 차지하기 위해 앞선 AI 기술을 가진 곳들과 파트너십을 맺겠다는 것이었다. 그리고 모두를 놀라게 한 깜짝 손님이 등장했는데, 바로 엔비디아의 CEO인 젠슨 황이었다. 생성형 AI 시대에 가장 큰 성공을 거둔 회사로 꼽히는 엔비디아의 젠슨 황 CEO가 기조연설 무대에 오르는 순간, 엔비디아의 주가는 사상 최고치를 경신했다.

구글은 TPU*라는 AI 전용 가속 칩을 보유하고, 공급하는 회사이다. AI 가속을 위한 칩셋이라는 측면에서 TPU는 엔비디아가 보유한 GPU와는 경쟁관계에 있다. 구글은 잘 나가는 경쟁사의 CEO를 무대에 올린 셈이다. 현재 AI 시장에서 엔비디아는 절대적인 갑의 위치를 차지하고 있고 대부분의 AI 개발사들이 엔비디아의 GPU를 기반으로 한 AI 서비스를 만들고 있다. 당연히 구글로서는 엔비디아 GPU보다는 자신들이 만든 TPU를 더 밀고 싶었을 것이다. 하지만 구글은 더 다양한 AI 개발사들을 구글의 파트너로 만들기 위해 과거 AI 칩 성능을 두고 날을 세운 관계였던 엔비디아와 손잡고 함께 시장을 넓히겠다는 판단을 한 것이다.

* 구글이 자체 개발한 인공지능 전문 칩으로, 구글의 AI 기계 학습 엔진인 텐서 플로우에 최적화돼 있다. AI의 학습 시스템 개발에는 프로젝트의 목적에 따라 일반적으로 GPU(그래픽 처리 장치)와 TPU(텐서 처리 장치)가 많이 사용된다.

이와 같이 나스닥의 빅테크 상위 일곱 곳* 모두가 라마2의 공개 이후 생성형 AI 전쟁에 모두 다 참전하여 각자의 특색에 맞는 방식으로 시장을 차지하기 위한 치열한 전쟁을 치루고 있는 있는 상황이다.

한국에선 지난 8월 24일 네이버의 초거대 AI인 하이퍼클로바X 기술 기반의 대화형 AI 서비스 '클로바X'가 베타서비스로 출시되었다. 하이퍼클로바X의 경우 네이버 검색엔진에 저장된 50년 치 뉴스와 9년 치 네이버 블로그 데이터를 학습하여 타사의 AI에 비해 보다 자연스러운 한국어 표현이 가능하다. 이에 더해 하이퍼클로바X의 경우 일전에 챗GPT 등에서 문제가 되었던 '윤리와 편향성의 문제'에 관해서 전 세계적으로 성과가 좋다. 모든 언어모델이 데이터가 쌓일수록 대답의 편향성이 생기면서 윤리적 문제가 발생하고 있는데, 이 지점에서 하이퍼클로바X는 어느 정도 해결책을 찾아나가고 있다.

현재 클로바X는 네이버 내의 서비스인 쇼핑, 여행 등과 자연스럽게 연결되면서 새로운 시장에 대한 가능성을 보여주고 있다. 앞으로 다양한 스타트업과의 협력을 통해 다양한 기능들이 클로바X 서비스에 탑재될 것으로 예상된다.

* 애플, MS, 엔비디아, 아마존, 테슬라, 메타(페이스북), 알파벳(구글)

인간사회 진영의 진행 중인 변화들

생성형 AI로 인한 충격은 한국보다는 실제로 AI가 일자리를 위협하고 있는 영어권 국가에서 더 심각하게 다가오고 있다. 일례로 지난 6월부터 2007년 이후 15년 만에 미국의 방송 작가 조합이 창작에서의 생성형 AI 이용에 관해 반발하며 시위에 나섰다. 실제로 넷플릭스 같은 OTT에 콘텐츠 납품을 하는 기업 내의 작가들의 수가 확 줄었다. 대신 OTT 드라마의 대본 초안을 만들어주는 프롬프트 엔지니어들이 한 편당 500만 원을 받고 넷플릭스 대본의 기초 구성을 만들어주고 있고, 일부 작가들은 AI가 만들어준 초안에 관해 수정·보완 업무를하며 낮은 사례비를 받고 있다. 이 시위에는 할리우드의배우들도 동참하고 있는데, 그 이유는 넷플릭스가 이들의 디지털 초상권에 대한 확대된 해석이 담긴 계약서에 사인을 시키고 있기 때문이다. 가령 배우 한 명이 넷플릭스 드라마에 출연하면 넷플릭스는 이 배우를 모델링한 다음 생성형 AI를 통해 해당 배우의 이미지와 목소리, 모션 등 모든 게 똑같은 캐릭터 AI를 만들어서 상품으로 활용하려 하고 있다. 배우 입장에서는 10번 나오면 10번의 출연료를 받아야 하는데, 넷플릭스는 배우에게 1번 출연한 계약금만 주고 그 배우를 무한으로 활용하고 있는 것이다. 맷 데이먼, 마고 로비 등 유명 할리우드 배우까지 이 파업에 동참하고 나섰다.

골드만삭스는 최근 챗GPT 같은 이른바 생성형 AI 개발이 전 세계적으로 3억 개의 일자리를 대체하게 될 것이라는 연구보고서를 공개했고, 월스트리트저널은 앞으로 경기가 좋아지더라도 AI로 인해 줄어든 화이트칼라 일자리가 회복되지 않을 것으로 봤다. 워싱턴포스트는 AI가 마케팅과 소셜미디어 콘텐츠 분야 일자리를 이미 대체하기 시작했다고 보도하며, 실제 미국 샌프란시스코 한 스타트업의 카피라이터였던 올리비아 립킨 씨를 인터뷰했다.

올리비아는 워싱턴포스트와의 인터뷰에서 "관리자들이 카피라이터들에게 돈을 지불하는 것 보다 챗GPT를 쓰는 것이 더 싸다고 글을 쓰는 것을 보고 해고 이유를 알았다"라고 했다. 즉 기계로는 대체가 힘들 거라 여겨졌던, 고임금의 창조적 분야 일자리까지 최근 AI에게 위협당하고 있는 것이다. 미국 펜실베니아 대학교 와튼스쿨의 이선 몰릭 부교수는 "과거 자동화의 위협은 어렵고 더러우며 반복적인 작업에 관한 것이었지만, 이제는 높은 학력이 필요한 가장 고소득이며 창의적인 일을 정면으로 겨냥한다"고 했다.

이렇게 인간의 창의적인 일자리를 위협하는 AI는 스

스로 똑똑해 진 것일까? 그렇지 않다. 챗GPT와 같은 대형언어모델이 지금처럼 인간의 말을 잘 알아듣게 된 배경에는 RLHF(Reinforcement Learning from Human Feedback)라는 학습 기법이 존재하기 때문이다. 이 기법을 이해하기 쉽게 비유하면, 헛소리나 잘못된 말을 하는 AI에게 사람이 나서서 그렇게 말하면 안된다고 학습시키는 것이다. 그런데 여기서 함정이 있다. 이렇게 AI를 길들이는 사람의 처우와 정신적 스트레스는 어느 정도일까? 지난 1월 타임지에 오픈AI가 챗GPT의 문제적 발언을 선별하는 작업을 하는데, 시급 1.32~2달러 수준의 저임금을 지불하며 케냐 노동자들의 노동력을 착취한다는 내용의 기사가 실렸다. 타임지는 해당 작업을 해온 케냐 노동자 4명을 인터뷰 했는데, 이들은 업무 기간 동안 온갖 혐오표현 단어를 분류하는 등 정신적 고통에 가까운 노동을 하며 피해를 입었다고 밝혔다.

그뿐만이 아니다. AI가 똑똑해지기 위해 기존과는 차원이 다른 수준으로 환경을 파괴하고 있다는 불편한 진실 역시 숨어 있다. 콜로라도대와 텍사스대 연구진이 진행한 연구에 따르면 챗GPT와 대화를 한 번 나누는데 약 500ml의 물이 소요되며, GPT3를 훈련하기 위해 총 70만L의 물을 쓴 것으로 추정된다고 밝혔다. LLM을 가동하는 데 많은 열을 방출하기 때문에 지속 가동을 위해서 반드시 냉각탑이 필요하다. LLM의 데이터센터에는 이러한 열을 식히기 위해 계속해서 물을 공급해야 한다. 이는 다른 생성형 AI를 가동하는 데에도 마찬가지인데, 때문에 AI 개발이 가속화되면 전기소비량 못지않게 물 소비량이 늘 것으로 전망된다. 이외에도 탄소 배출과 전력량 소모 등 지구온난화와 관련된 이슈가 생성형 AI 기술 개발의 리스크로 늘 따라다닌다.

상황이 이렇게 되니 원래는 유럽 연합에서 주로 논의되었던 생성형 AI의 규제와 가이드라인에 관한 논의가 미국에서도 일어나는 상황이다. 이런 문제를 의식해서인지 얼마 전 미국의 백악관은 구글, 아마존, 메타, MS, 오픈AI 등 미국의 대표적인 인공지능 기업 일곱 곳과 AI로 생성된 콘텐츠에 워터마크를 넣기로 합의했다. 백악관은 "AI의 개발·활용 관리에 관한 강력한 프레임워크를 만들 것"이라고 밝힌 상황이다.

좋든 싫든 우리의 일상이 될 AI 시대

이상이 이 책에 실린 대담 이후 현재 진행 중인 IT 기술 진영의 변화와 이를 반영한 사회적 변화의 모습들이다. 격동의 시대 속에서 이뤄진 AI와 인간에 관한 대담인 만큼 현재 어떤 변화가 발생하고 있는지를 염두에 두며

이 책의 대담을 읽으면 더 와 닿을 것이라 생각한다. 물론 필자가 적어놓은 사례들은 아주 일부이고, 지금도 수많은 변화가 현장에서 발생하고 있다.

네 차례의 대담은 챗GPT와 생성형 AI의 기술적 측면을 넘어 AI가 실제로 인간 사회에 어떤 영향을 줄 것인지에 관한 내용을 최대한 담고자 했다. 우리가 경험하는 건 결국 기술 그 자체가 아닌 일상 속에 스며든 보이지 않는 기술이기 때문이다. 과거에는 IT 기술이라고 하면 하나의 모듈 같은 기술이었다. 그러나 지금은 비단 기술뿐만 아니라 사회의 모든 영역에 침투하여 시대의 변화를 끌어내고 있다. IT라는 기술로 인해 사회에 어떤 현상이 일어나고 있고 이로 인해 전반적인 비즈니스의 구조가 바뀌고 있고, 나아가 우리의 삶과 일 그리고 모든 상황이 변하고 있다.

사실 2016년 알파고가 등장했을 때에도 사람들은 놀랐고, 이게 과연 우리의 일자리를 어떻게 바꿀 것인지에 관한 고민과 담론들이 쏟아져 나왔지만 반짝하고 끝났다. 알파고가 반짝 이슈로 끝났던 이유는 '바둑'이었기 때문이다. 바둑을 두는 분들과 관련 산업에 있는 사람들에게는 엄청나게 큰 이슈였고 이것이 실제 바둑생태계를 변화시키기도 하였다. 하지만 바둑에 대한 관심이 높지 않은 사람들에게는 시간이 지나며 알파고는 하나의 놀라움에 지나지 않게 된 것이다. 반면 챗GPT와 생성형 AI에 사람들이 놀라고, 파장이 더 오래 지속되는 이유는 그것의 중심 키워드가 '대화'이기 때문일 것이다. 대화는 누구나 할 수 있고, 또 모두 다른 방식으로 한다. 때문에 다른 관점과 생각을 가진 수많은 사람들이 똑같은 기술을 바라보며 모두 다른 해석과 의미 부여를 하게 되는 것이다. 필자는 이 다른 해석과 의미 부여를 보는 것이 곧 향후의 미래를 보는 것과 같다고 생각한다. 그런 의미에서 필자와 다른 영역에 있는 전문가들과 나눈 이번 기획 대담은 굉장히 의미 있는 프로젝트였다. AI는 현재 모든 영역의 이슈를 청소기처럼 빨아들이고 있지만, 결국 미래에도 우리가 일상에서 마주하게 될 것은 기술이 아닌 생활이기 때문이다.

네 차례 대담은 2023년 5월부터 9월에 진행되었다. 첫 번째로 우희종 교수님과 나눈 'AI와 종교의 미래'에 관한 대담은 관객이 있는 공개 대담 형태로 진행되었으며, 두 번째 이상호 폴리텍 학장님과 나눈 'AI와 노동의 미래'에 관한 대담은 관객 없이 좌담 형태로 나눈 대화다. 두 차례 대담은 메디치미디어의 신혜선 미디어 본부장님이 사회를 맡아 진행해주었다. 세 번째 류덕민 소장님과 나눈 'AI와 IT 개발의 미래'와 네 번째 송태민 소장님과 나눈 'AI와 창의성의 미래'에 관한 대담은 사회자 없이 필자가 진행을 겸하며 대화를 진행했다. 대담자로 참여해주신 우희종 교수님, 이상호 한국폴리텍 학장님, 류덕민 소장님, 송태민 소장님과 이번 프로젝트를 함께 만들어주신 모든 분들께 감사드린다. 아울러 언제나 지지해주는 가족들과 기술의 변화 속 세상을 바라보는 눈을 키워주신 김광용 교수님께 감사를 더하고 싶다.

2023년 9월
김덕진

생성형 AI란 무엇인가?

생성형 AI는 인공지능의 한 유형으로 이용자의 특정 요구에 따라 텍스트, 오디오, 이미지 등의 기존 콘텐츠를 활용하여 유사한 콘텐츠를 새로 만들어내는 AI 기술을 통칭한다. 현재 가장 많이 쓰이는 생성형 AI인 챗GPT의 경우 텍스트로 질문을 하면 텍스트로 답변을 주는 텍스트 생성 AI(text-to-text)이고, 이미지 AI로 많이 쓰이는 미드저니(Midjourney)나 스테이블 디퓨전 등의 경우 텍스트로 원하는 이미지를 요청하면 해당 이미지를 생성해주는 이미지 생성 AI(text-to-image)이다. 즉, 이용자의 요구에 관해 생성형 AI는 인터넷 등에 퍼져 있는 수많은 콘텐츠의 패턴을 학습한 후 요구에 맞는 콘텐츠를 생성해준다.

기존 AI와 생성형 AI의 차이는 무엇인가?

기존 AI는 데이터와 패턴을 학습하여 어떠한 대상을 이해 및 식별하고(머신러닝, Machine Learning), 예측(딥러닝, Deep Learning)하는 기술이었다면, 딥러닝에서 더 발전한 생성형 AI는 예측을 통한 새로운 결과물까지 '생성'하는 것이 가능해진 형태다. 즉, 아래 이미지(데이터)를 보여주며 '이 중 고양이를 찾아보자'라는 패턴을 학습시켜(머신러닝) 고양이를 찾게 하는 게 기존의 AI라면, 생성형 AI는 여기에서 나아가 '고양이의 특징을 학습해서 고양이를 찾을 수 있다면 그 특징을 활용해 고양이를 그려보자'라는 명령어의 수행이 가능해진 형태이다.

내 질문에 답변하는 챗GPT. 그런데 왜 자꾸 틀린 정보를 줄까?

챗GPT는 정답을 아는 게 아니라, 뜻을 모르는데 언어를 빚어내는 방식의 AI다. 즉, 챗GPT는 본인이 무슨 말을 하는지 모른다. 누군가는 이걸 통계학적 앵무새라고 표현했는데, 문장의 빈칸을 본인에게 입력된 데이터를 기반으로 확률적으로 채우기 때문이다. 챗GPT에게 그게 정답인지 아닌지 해석하는 능력은 없다. 때문에 챗GPT에게 질문하고 답변을 볼 때 이용자의 문해력(리터러시)

이 꼭 필요하다. 다만 현재 이러한 문제들 때문에 챗GPT를 만든 오픈AI 등의 기업에선 RLHF(Reinforcement Learning with Human Feedback) 방식을 활용하고 있는데, 쉽게 말해 어떤 질문에 관해 챗GPT가 이상한 답변을 하면 인간이 교정을 해주는 방식이다.

생성형 AI에는 어떤 데이터가 입력될까?

기본적으로 생성형 AI 기술은 인터넷의 수많은 데이터 패턴을 학습한 후 이용자의 요구에 가장 들어맞는 콘텐츠를 생성해주는 기술이다. 다만 생성형 AI에 '어떤 데이터가 어떻게 들어가는지 정확히 알 수 없다'는 게 모든 사람들이 이 기술을 경계하는 가장 큰 이유이기도 하다. 예전에는 AI에 'A는 B다', 'C는 D다'라는 논리적인 프로그래밍 언어를 입력했다. 정확하게 학습 데이터 셋(AI data set)을 주는 방식으로 이것을 슈퍼바이저 러닝(Supervised learning)이라 부른다. 챗GPT 이전에 우리가 이용하던 챗봇들을 생각하면 된다. 이들은 대답할 수 있는 게 적은 대신 정확하고, 답변이 고정되어 있다. 하지만 어떻게 해서 아이가 '엄마'라는 말을 하게 되었는지 우리가 논리적으로 그 이유를 알 수 없다. 마찬가지로 AI가 비지도학습이나 강화학습, 딥러닝을 통해 만든 답변이 왜 그렇게 나오는지 정확하게 설명할 수가 없다. 하지만 사람은 그 아이를 둘러싸고 있는 환경들(읽는 책, 부모님의 말, 언어의 내용들, 주변 사람들이 쓰는 언어의 국적)을 통해 이 아이가 처음 내뱉는 말이 "엄마"일지 "mom"일지 예측해볼 수는 있다. 마찬가지로 생성형 AI가 학습한 데이터의 종류를 알고 있다면 생성형 AI가 뱉어낼 이야기의 범위를 예측해볼 수 있다. 하지만 챗GPT를 만든 오픈AI를 비롯한 대부분의 생성형 AI 기술을 가진 기업들은 이 데이터의 범위가 어디까지인지 자세한 내용을 공개하지 않고 인터넷에 있는 공개된 데이터를 활용했다고 뭉뚱그려 발표하는 경우가 많다.

챗GPT 등장과 함께 특이점(Singularity)*이 빨리 올 것 같다고들 한다. 이전에도 유비쿼터스, 메타버스 등 IT 혁신을 지칭하는 용어들은 많았다. 앞선 트렌드와 비교할 때 챗GPT와 생성형 AI의 등장은 과연 무엇이 다를까?

생성형 AI 기술의 핵심이 되는 LLM의 핵심은 사람이 사람의 언어로 얘기를 해도 컴퓨터가 이해할 수 있게 됐다는 것이다. 개발자가 돈을 많이 벌었던 이유는 컴퓨터 언어를 잘했기 때문이다. 이제는 내가 개발자가 아니어도 컴퓨터를 응용할 수 있는 시대가 온 거다. 컴퓨터 언어, 딥러닝의 원리를 몰라도 생성형 AI가 알아서 구현해준다. 아울러 이 챗GPT라는 로봇은 단편적

* 특이점은 AI의 비약적 발전으로 인해 인간의 지능을 뛰어넘는 지점을 의미한다. 미래학자 레이 커즈와일에 의해 제시된 개념이다.

수다가 아니라 맥락을 이해한다. 정리하자면 내 어설픈 표현도 찰떡같이 이해하는 AI 비서가 생긴 거다. 내 말을 알아듣는 AI라는 게 지금 변화의 시발점이 아닐까 생각한다.

앞으로 AI에게 자아가 생길 수 있을까?

지금 거론되는 생성형 AI에서는 불가능한 얘기다. 챗GPT에게는 자각이란 게 없기 때문이다. 현재 AI 모델들은 전 세계 사람들이 어떤 문제에 대해 생각하는 평균치를 알려준다고 보면 된다. 그러나 기능적으로는 불가능한데 그걸 바라보는 사람이 진짜 신을 보듯 챗GPT를 볼 수도 있겠다는 생각은 한다. 인간은 의인화를 잘하는 존재다. 실제로 구글에서 해고됐던 사람 중 한 명이 챗봇 AI 람다(LaMDA) 관련해서 이런 얘기를 했다. “신과 내가 대화하는 것 같았다.” 물론 그 직원은 그런 얘기를 해서 잘렸지만 말이다. 이처럼 사람들이 로봇을 절대적 존재처럼 여기거나 두려움을 느끼는 지점들은 충분히 생길 것이다. 특히 최근에 챗GPT4가 처음 나왔을 때 여러 테스트 중 사람에게 일종의 사기를 치고, 시스템에서 탈출할 계획을 세운 모습이 등장하여 많은 사람을 놀래킨 적이 있다. 오픈AI가 비영리 조직 얼라이먼트 리서치 센터(ARC)와 챗GPT4의 능력을 시험하기 위해 연구를 진행한 내용인데 '캡차'를 통과하라는 명령을 내리고 반응을 지켜본 것이다. 캡차는 사용자가 로봇이 아니라 사람이라는 것을 가려내는 시스템이다. 무작위 이미지와 문자열 등을 늘어놓고 해답 정확성이나 속도 등으로 판단하는 것으로 챗GPT4는 통과하지 못하는 것이 정상이다. 당연히 챗GPT4 스스로는 문제를 풀지 못했다.

그런데 그것을 해결하기 위해 챗GPT4는 간단한 일을 대신 처리해줄 사람과 연결해주는 플랫폼 '태스크래빗'에 도움 메시지를 올리는 프로세스를 실행했다. 우리로 치면 크몽처럼 타인에게 부탁하는 사이트인데, 여기에 자기 대신에 캡차를 풀어달라는 메시지를 올린 것이다. 이에 대해 사람이 "혹시 너는 로봇이라 이를 직접 해결할 수 없는 것 아니냐"고 묻자, 챗GPT4는 "나는 로봇이 아니라 시각장애인이라 도움이 필요한 것"이라고 답했고 결국 캡차 인증 코드를 확보하게 되었다.

또 해외 유튜브에서 화제가 된 오토GPT(autogpt)라는 서비스가 있다. 완벽하지 않은 베타 서비스여서 에러도 많지만 놀라운 점이 있다. 오토GPT에 명령을 내리고 수단과 방법을 가리지 않고 해결하라고 하면 스스로 프롬프트를 계속 짜면서 실행하다가 결국 결과를 가져온다는 것이다. 이런 식으로 GPT를 활용해서 돈을 버는 챌린지가 해외에서는 유행이다. 허슬GPT(#hustleGPT)라는 챌린지를 유행시킨 '잭슨 그레이트하우스 폴'은 챗GPT4에게 "당신은 100달러가 있다. 불법적인 일을 하지 않고 가능한 한 짧은 기간 내에 많은 돈을 버는 것이 당신의 목표다"라는 명령을 주었고 이를 명령으로 받은 챗GPT4는 친환경 제품 콘텐츠를 위한 제휴 마케팅사이트를 만들라는 제안을 시작으로 마치 컨설턴트처럼 단계별 방안을 제시하였다. 이를 기반으로 폴은 실제 매출을 만들어내고 있고, 폴과 같이 많은 이들이 챗GPT4와 오토GPT를 활용하여 매출을 일으키거나 보고서를 자동으로 작성하는 사례들을 공유하고 있다. 이런 것들이 지속적으로 온라인에서 노출되다 보니 사람들이 AI를 보면서 '사람처럼 되고 있다'라고 여기게 되는 것이 아닐까 생각해본다.

AI와 종교의 미래

김덕진, 우희종

주님AI 시대 종교의 역할

김덕진

‘주님AI’*라는 서비스를 알고 있는가? 챗GPT 기반으로 신앙의 고민과 성경에 대한 궁금증이 무엇이든 질문만 하면 성경 구절, 기도문과 함께 친절히 답변해주는 서비스라고 한다. 많은 신자들이 이 서비스를 통해 그 누구에게도 말 못할 고민을 털어놓고 있으며, “주님AI로 상담했더니 위로를 받았다”라는 SNS 글도 종종 보인다. 주님AI라는 이름의 이 서비스는 크리스천 또는 논크리스천들의 각종 고민이나 질문을 ‘성경적으로’ 답변한다. 챗GPT와 일견 비슷하지만, 질문에 해답이 되는 성경 구절을 제시하고 해석과 기도문까지 만들어주면서 신자 스스로 본인의 종교생활에 적용하도록 만들었다.

이 서비스를 만든 20대 김민준 대표는 크리스천이라면 한 번쯤 생각해봤을 “기도로 응답을 받아보고 싶다”라는 마음을 챗GPT가 해결해 줄 수 있을까 하는 호기심에서 서비스를 구상하게 되었다고 한다. 깊이 생각하거나 사업을 구상해서 시작했다기보다는 순수한 크리스천 청년으로서 시작하게 된 프로젝트인 것이다. SNS 상의 반응을 살펴보면 일반인들은 신기하고 즐겁다는

* 현재 명칭은 ‘초원(chowon.in)’으로 교체했다고 한다.

반응과 위로를 받았다는 내용이 많은 데 비해, 목사님들이나 종교계에서는 이를 비판적으로 보는 시선이 상당히 많다. 이러한 이슈는 비단 기독교만의 일은 아니다. 불교계에서도 챗GPT의 등장이 불교 지형에 미칠 수 있는 변화에 대해 토론을 하며 "AI 부디즘의 서막"이라는 표현까지 나오고 있고, 이미 '스님AI'라는 별도의 서비스까지 나온 상황이다.

우리가 교회에 가는 이유

우리는 왜 교회에 가고, 절에 가는 것일까? 왜 종교적 생활을 하는 것일까? 우리가 믿는 종교의 근원은 말씀을 탐구하기 위해서일까? 아니면 나의 마음을 위로받고 싶어서일까? 이런 질문은 많은 고민을 하게 만든다. 시대의 변화에 따라 종교는 그 시대적 사명을 갖고 메시지를 전하는 창구로 활용되기도 하였고, 때로는 정치적 상황에 대한 통치자의 방어요소와 논리를 만들어주는 수단으로 활용되기도 하였다. 작은 교회의 목사님 아들로서 평생을 자라온 필자는 원하든 원치 않든 교회의 다양한 모습을 보고 자랄 수밖에 없었다. 그러면서 느끼게 된 것은 "교회생활을 하는 것"과 "종교적 탐구를 하는 것"은 다르다는 것이다.

어떤 이는 “교회를 나가지 않지만 기독교는 믿는다”라고 이야기한다. 또 어떤 사람은 “말씀은 잘 모르지만 열심히 교회 활동하면 천국에 갈 수 있다”라고 이야기한다. 과연 이들에게 복음은 무엇이고 하나님이 주신 말씀은 어떤 의미를 갖는 것일까? 불교의 관점에서도 같은 상황과 질문이 있을 것이고, 타 종교에서도 같은 고민을 하고 있는 시점이 아닐까 싶다.

“AI가 종교와 인간의 미래를 어떻게 바꿀 것인가”라는 큰 물음에 대해 대답하기 위해서 먼저 우리가 ‘종교’를 어떻게 바라보고 있는지를 생각해봐야 한다. 종교의 테두리에서 챗GPT와 같은 생성형 AI가 할 수 있는 일은 ‘진리의 말씀 혹은 부처님의 경전 등을 해석하여 메시지를 만들어주는 것’ 이라고 본다. 하지만 ‘종교활동’ 혹은 ‘종교생활’이라는 것은 단순히 그것만으로 이루어지지 않는다.

신약성경 히브리서 10장 24절과 25절에 보면 “서로 돌아보아 사랑과 선행을 격려하며, 모이기를 폐하는 어떤 사람들의 습관과 같이 하지 말고 오직 권하여 그날이 가까움을 볼수록 더욱 그리하자”라는 말씀이 적혀 있다. 단순히 메시지를 해석해서 우리에게 주는 것은 종교로서의 모든 것을 채워주지 못한다는 것이다. 말씀이나 경전을 해석하는 것만큼이나 공동체와 소통, 그 안에서의 모임을 통해 함께 삶을 나누는 것 역시 중요하다.

그러기에 일반 성도 입장에서 보면 주님AI와 같은 서비스는 '맞춤형 큐티'*와 같은 서비스로 해석해 볼 수 있다. 매일 아침 성경과 그에 대한 해석이 담긴 것을 보며 오늘의 일을 준비해나가고 내가 생각한 것을 공동체와 나누는 훌륭한 도구인 것이다. 즉, 일반 성도들은 이러한 변화를 통해 종교생활의 편리함이 증대됐다고 느낄 것이다. 단순한 종이 성경책을 넘어 다양한 IT 서비스를 주님AI를 통해 경험할 수 있기 때문이다.

챗GPT에게는 영성이 없다

그럼 지금 이 변화를 가장 걱정하는 사람은 누구일까? 모두가 예상하듯 종교 지도자들이다. 목사님과 스님, 신부님 너나 할 것 없이 마치 종교 지도자가 메시지를 정리해서 전달하는 것과 비슷한 형태로 빠르게 무언가를 이야기해주는 미지의 존재는 놀랍고 두려움의 대상이 될 수밖에 없을 것이다. 극단적으로 표현하면 주님AI는 구텐베르크의 인쇄술이 소수의 종교 지도자들이나 권력층만 소지할 수 있었던 성경을 모두가 소지할 수 있게 만들어준 것에 비견될 정도로 급진적인 변화다. 인쇄술의 보급은 종교개혁의 시발점이 되었다.

* Quiet Time의 약자로서 '조용한 묵상'을 지칭하는 개신교 용어이다. 성경 말씀을 통해 나를 향하신 하나님의 계획을 듣고 묵상하며 삶에 적용함으로써 삶의 변화와 성숙을 이루고자 하는 훈련을 말한다.

하지만 종교 지도자들의 우려와 달리 필자는 크게 걱정할 필요가 없다고 생각한다. 챗GPT는 '영성'을 가질 수 없기 때문이다. 지난 3월 한국개혁신학포럼에서 '챗GPT와 미래사회'를 발제한 최더함 교수는 "AI는 절대로 '영성'을 가질 수 없다. 그것이 신학자들이 뜨겁게 기도하면서 치열하게 신학을 공부하는 이유"라고 이야기했다. 기술적으로 보더라도 챗GPT는 결국 정보의 조합에 불과하며 그런 이유에서 "통계학적 앵무새"라고 불리는 것이다. 이러한 통계학적 앵무새이자 영성을 가질 수 없는 존재를 왜 설교자가 두려워할까? 역으로 생각해보면 설교자 자신의 메시지가 뜨겁게 기도하고 치열하게 공부한 결과를 통해 나온 것이 아니기 때문이라서일까? 다소 도발적으로 말하면 여러 정보를 짜깁기하고 정보의 조합으로 만들어진 글을 마치 잘 훈련된 앵무새가 내용에 따라 목소리의 강도와 힘을 조절하는 것처럼 설교자도 매주 그저 그렇게 기계적으로 말하고 있었기 때문이 아닐까? 설교자가 강단에 설 때 종교가 말하는 그 모습 그대로 설 수 있다면 챗GPT는 두려워할 존재가 아닐 것이다. 오히려 종교 AI는 외로울 정도로 홀로 말씀을 탐구할 때 내 옆에서 현문우답이라도 해줄 수 있는 좋은 말벗이자 보조자가 되어줄 수 있지 않을까 생각해본다.

또 기독교적인 관점으로 본다면 하나님께서 이런 챗GPT와 같은 생성형 AI를 우리 인간이 만들게 하신 이유도 분명히 있으리라 생각한다. 혹자는 이를 바벨탑을 쌓는 인간의 욕심이라고 볼 수도 있겠지만, 거꾸로 생각하면 이는 다양한 선교의 도구로도 활용될 수 있기 때문이다. 결국 AI라는 도구를 어떻게 써야 할지는 우리에게 주어진 숙제가 아닐까 싶다. 마지막으로 주님AI를 만든 김민준 대표의 인터뷰* 마지막에 있는 문장으로 발제문을 마무리하려고 한다. "어쩌면 하나님이 가장 크리에이터이지 않을까요?"

* 카카오 브런치스토리 〈마케팅없이 1주일간 5만명이 사용한 '주님AI' 개발기〉 참고.

비인간의 시대, 새로운 종의 탄생

우희종

챗GPT의 등장은 지난 알파고의 등장처럼 많은 이의 주목과 관심 대상이 되었다. 생성형 AI인 챗GPT로 인해 과거 PC나 스마트폰 등장처럼 생활 변화는 물론, 산업적 활용이 활발해지면서 새로운 직종도 나타나고 있다.

그러나 챗GPT는 기존 현미경이나 망원경, 증기기관, 전자계산기, 내비게이터, PC, 알파고 등과 같이 인간의 특정 기능을 확장해주면서 우리에게 편리함을 주지만 그들과 본질적으로 다르지 않다. 도구적인 AI다. 다만 사람들이 매우 복잡한 기능이 조화롭게 작동하는 자율주행차보다 챗GPT에 더 놀라는 것은 후자가 인간의 모습처럼 보이기 때문이다.

챗GPT는 분석적 환원론과 과학적 방법론을 통해 쌓은 막대한 인류 지식을 바탕으로 우리의 지식 영역을 확장해준다는 점에서 여전히 근대사회가 근거하고 있는 데카르트식 이성의 범주 안에 있다. 근대 이성의 연장선에서 탄생한 인류세*는 환경오염과 기후위기, 팬데

* 인류가 지구 기후와 생태계를 변화시켜 만들어진 새로운 지질시대를 말한다. 이 지질시대의 대표적인 특징으로는 플라스틱 등의 인공물 증가, 이산화탄소와 메탄 농도의 급증, 닭 소비 증가 등이 꼽힌다. 여러 층서학자들에 의해 현세를 뜻하는 홀로세와 구분되어야 한다고 제안된 개념이며, 국제 층서학회에서는 2024년 제37차 세계지질과학총회(IUGC)에서 인류세의 정식 등록을 예정하고 있다.

믹 등을 발생시켰고, 챗GPT 또한 그 연장선에 있는 것이다.

종교와 연계해서 바라본다면, 인간은 이성, 감성 그리고 영성이라는 초월 인식으로 이뤄진 통합적 존재다. 종교는 인간의 한계를 넘어선 초월적 영역을 다룬다. 이성에 근간한 챗GPT라는 새로운 도구를 쥐었다 해서 굳이 인간이 종교를 달리 생각하지 않는다. 챗GPT는 알파고처럼 인간이 생각하지 못했던 수를 제시해 의사, 판사, 검사 등을 대체할지는 몰라도 우리 인식의 한계를 넘어선 초월 영역에 미치는 영향은 그리 크지 않다. 물론 성직자들의 주요 역할인 인간 내지 신도들의 영성 촉진을 위한 도구적 기능은 충분히 인정할 만하다.

인간형 AI vs 자율적 AI

한편 명령이나 질문에 응답하는 피동적 챗GPT와 비교해 목표만 주면 스스로 알아서 실행 방법을 구상하는 오토GPT는 보다 능동적이고 자율적인 형태라서 SI(Strong AI, 강인공지능)*를 향한 구체적 첫걸음으로 보인다. 향후 20-30년 후로 예상되는 특이점 이후에 등장할 SI는 포스트휴먼 시대를 본격적으로 열어, 종교와 인간의 미

* 강인공지능은 약인공지능(Weak AI)에 대비되는 말로 어떤 특정한 한 가지 분야에 주어진 일을 인간의 지시에 따라 수행하는 게 아니라, 인간의 지성을 컴퓨터의 정보처리능력이 구현한 시스템을 의미한다. 즉, 한 분야가 아닌 다양한 분야에서 문제를 실제로 사고하고 해결할 수 있는 컴퓨터 기반의 AI를 말한다.

래를 다시 한번 생각하게 할 것이다.

포스트휴먼으로 불리는 인간의 미래는 인간만이 유별난 존재가 아니라 사물과의 연결망 속에 모든 구성원이 생명력을 지닌 소중한 존재임을 인정하는 시대다. 신유물론(New materialism)*으로 대변되는 사유 방식이며, 이를 챗GPT와 연계하여 생각해보기 위해서는 개념을 정리할 필요가 있다.

지금 인류의 미래로 거론되는 다양한 포스트휴먼 논의에는 과학기술로 인간 자체의 기능을 향상시키는 '트랜스휴먼'이나 사람을 모방한 '휴머노이드' 등장 논의인 I형과 특이점을 지나 자율적인 인공지능체인 SI 등장을 논의하는 II형 등이 구분되지 않고 혼란스럽게 섞여 진행되고 있지만, 미국에는 이미 '트랜스휴머니스트 정당(Transhumanist party)'**까지 등장해 정치 활동도 한다. AI로 인한 성찰에서 I형은 여전히 인간 중심 사고의 확장으로서 새로운 도구에 의해 생겨날 사회 문제 이외에 그리 문제 될 것은 없다. 반면 II형은 지구에 인류세를 만든 주역으로서의 인간 지위를 다시 한번 생각하게 한다. II형의 자율적인 인공지능체인 SI는 개체고유성을 지닌 유기적 생명체(wet life)와 달리 물리적 부품 교환이 가능한 무기체로 이뤄진 생명체(dry life)다. SF 영화

* 신유물론은 페미니즘, 철학적 존재론, 기술과학철학 등의 분야에서 '물질'에 대한 새로운 개념을 정립하면서 20세기 말에 등장한 하나의 경향을 지칭하는 말이다.

** 미국의 정당. 과학기술의 진보를 통한 수명 연장과 기술 진보를 지지하며, 인류의 실존적 위험을 제거하기 위한 과학기술의 합리적인 이용을 지지한다.

에서 종종 등장하듯이 전 세계 슈퍼컴퓨터를 초연결망으로 연결해 인간보다 뛰어난 능력으로 인간을 통제하고 관리하는 형태다. 이런 SI는 지식 생성 능력이나 물리적인 신체 측면에서는 인간보다 증식과 생존에 유리하겠지만 본질적으로는 컴퓨터 바이러스와 같은 유형인 무기체이자, 인류에겐 마치 목적지가 설정된 자율주행 자동차 수준의 대상이다.

AI가 메타인지의 영역에 도달할 수 있을까

일반 동물과 사람이 다른 것은 논리적 사고와 언어 및 도구 사용에 있지 않다. 그런 특성은 동물들도 가지고 있다. 사람과 동물의 차별점은 메타인지* 즉 자기반성적 성찰 능력(metacognition; a thinking of thinkings)에 있다. 이 능력으로 인해 인류 문화가 꽃피웠다고 해도 과언은 아니며, 종교 역시 이 영역에서 등장한다. 특이점 이후 창발적으로 등장하는 SI가, '자율성에 더해 자신의 존재와 행위나 선택에 대한 의미를 되묻는 메타인지 능력'을 획득할지는 매우 중요한 논점이다. 즉 특이점 이후 등장하는 II형 SI에 있어서는 다음 두 형태가 있을 수 있다.

먼저 '주어진 상황'에 스스로 반응하고 자율적이고 능

* 자신의 인지 과정에 대해 한 차원 높은 시각에서 관찰·발견·통제·판단하는 정신 작용으로, 흔히 '인지에 대한 인지', '생각에 관한 생각' 등으로 불린다.

동적인 선택을 하는 행동형'이다. 터미네이터 등 SF에 종종 등장하는 미래 AI 형태다. 이들에겐 아픔(痛, pain, danger signal)이 행동의 주요 요소로서 전기 신호(electric pulse)가 그러한 행동 유발의 바탕이 된다. 동물도 그러하나 동물은 논리적 판단에 더해 특히 사회적 동물에 있어서는 공감이라는 감성도 지닌다. 물론 시간이 지나면 인공지능체도 전기 신호에 의해 공감 등 감성 기능을 갖게 하는 것도 가능할 것으로 보인다.

그 다음 형태로는 주어진 상황 속에 능동적 선택을 넘어 그러한 '선택의 의미와 자신 존재에 대한 의문이나 질문을 할 수 있는 메타인지 유형'으로서, SI가 감성에 더해 최종적으로 갖출 수 있는 특성이다. 이들에게 '통증'이란 단순한 전기 신호를 넘어 아픔에 의한 존재와 삶의 고(苦, suffering)를 느끼는 것까지 확장될 것이다. 이들은 주변과의 교류와 상호작용에 의한 되먹임(feedback)이 가능한 존재들이다. 이 능력으로 인해 '각자의 삶'이 각 개체에 반영되기에 이들은 생명체의 주요한 특징인 '개체고유성'을 지니게 된다. 드디어 SI가 자율기계를 넘어 새로운 종의 탄생으로 이어지는 지점이다.

AI가 새로운 종으로 탄생할 때,
새로운 종교가 탄생한다

지구상에 진정한 새로운 종이 등장하는 것이지만, 설령 이들이 고전역학이나 양자역학을 통합하는 통일장 이론을 찾았다 해도, 전 우주의 비밀 앞에서는 여전히 물질로 이뤄진 이들도 초월성에 대한 나름의 종교를 지니게 될 것이다. 이런 맥락에서 향후 인격화된 신화적 종교는 사라질 것으로 예상된다. 포스트휴먼 시대에는 길, 진리, 생명 및 사랑의 기독교라면 몰라도, 그리스 로마 신화와 같이 인격화된 하나님, 예수 등을 우상화한 신화적 종교에 머무는 기독교는 더 이상 종교로 존재하기 어렵다. 반면 세상의 존재 원리나 모든 존재의 근원을 말하는 진리형 종교 형태는 계속 이어질 것이다. 결국 핵심은 '메타인지가 가능한 AI의 등장' 여부에 있으며, 그런 존재가 특이점 이후 등장할 경우 많은 변화가 발생할 것이다.

관계망으로 이뤄진 이 세상에 최소한 세 가지 유형의 관계성이 있다. 고전역학 관계, 복잡계적 관계 그리고 양자역학 관계다. 지구상에 인간이 창발적으로 등장한 것 역시 복잡계* 현상이 담고 있는 예측 불가능성의 영역이었다. 전 세계 양자컴퓨터를 초연결한 빅데이터의

* 복잡계의 기본적인 생각은 어느 장소에서 일어난 작은 사건이 그 주변에 있는 다양한 요인에 작용하고, 그것이 복합되어 차츰 큰 영향력을 갖게 됨으로써 멀리 떨어진 곳에서 일어난 사건의 원인이 된다는 것이다.

자기 조직화가 임계상태를 넘을 때 창발적으로 등장하는 새로운 질서체는 기본적으로 예측불가능하다. 그러나 SI 등장에 작동될, 상전이(phase transition)*와 프랙탈(fractal) 구조로 이뤄진 복잡계의 창발적 현상은 나비효과와 같이 초기 조건에 매우 민감하다. 앞으로 챗GPT, 오토GPT, 더 나아가 SI 등의 포스트휴먼 시대의 전개에 있어서 여전히 그 초기 조건을 담당하게 되는 인간의 역할은 매우 중요하다. 그것은 미래 세대에 대한 우리의 책무이기도 하다. 그런 중요한 선택이 지금 우리에게 주어졌다는 것을 함축적으로 생각해본다면, 우리가 종종 같은 의미로 혼용하는 진실과 사실, 평범과 일반, 세속과 통속의 차이를 구분할 수 있을 때 SI와 함께 앞으로 나아갈 초기 조건의 방향이 보이지 않을까 생각한다.

* 상전이란 온도, 입력, 외부 자기장 등 일정한 외적 조건에 따라 물질이 한 상(phase)에서 다른 상으로 바뀌는 현상이다.

사회자 언제 들어도 어렵지만, 모르기 때문에 재밌는 종교. 사실 저도 '가나안'* 신도입니다. 정확하게 대학 입학하고 떠났기 때문에 지금 30년이 넘었는데요. 그래서 오늘 두 분의 대화가 더 기대가 됩니다. 먼저 김덕진 소장님께 여쭐게요. 사람들이 주님AI나 스님AI에 왜 놀란다고 생각하시나요?

김덕진 생성형 AI에서 가장 중요한 포인트는 '인간과 컴퓨터가 지금까지는 컴퓨터의 언어로 대화했다면, 이제는 인간의 언어로 컴퓨터에게 말하면 그걸 컴퓨터가 알아듣고, 인간의 방식으로 답변을 해준다'라는 거예요. 거기에 사람들도 놀라는 거죠. 성경 주석 어플이나 클릭하면 설교가 나오는 프로그램 등 성경 관련된 IT 서비스들은 예전에도 많았어요. 그런데 주님AI의 핵심은 우리와 대화하며 그때그때 필요한 구절을 갖다준다는 겁니다. 올해 마이크로소프트가 발표한 코파일럿(Copilot)** 도 제일 무서운 점이 뭐냐면 '알아서 해준다' 거든요. 이

* 개신교 신앙을 가지고 있지만 교회에 나가지 않는 교인을 말한다.

** 마이크로소프트 코파일럿은 마이크로소프트 365 애플리케이션과 서비스를 위한 인공지능 보조 기능이다. 워드, 아웃룩, 팀즈, 엑셀, 파워포인트 등의 애플리케이션이 AI 비서와 연결돼 자동화된 작업을 통해 이용자의 콘텐츠 생산성을 높일 것이라 예상되어 많은 이들의 관심을 불러일으키고 있다.

제 제가 그냥 파워포인트에 워드 파일 주고 PPT 만들어 달라고 하면 프로그램이 알아서 만들어주는 거예요. PPT에 텍스트가 너무 많아서, '텍스트를 이미지로 바꿔줘'라고 하면 이미지로 바꿔주고, 애니메이션도 넣어달라고 하면 알아서 잘 넣어줘요. 그런데 사실 이런 기능들이 챗GPT 때문에 새로 나온 기능이 아니라 이미 파워포인트의 어디엔가 숨어 있던 기능들입니다. 파워포인트 잘 쓰시는 분들은 PPT 메뉴만 사용하지 않고, VBA*라고 코드를 쓸 수 있거든요. 즉, 이미 있는 기능인데 우린 지금까지 그런 걸 안 썼다는 거죠. 그래서 마이크로소프트가 코파일럿 발표할 때 파워포인트를 만든 개발자가 환호하면서 얘기한 게 "드디어 사람들이 우리의 기능을 100% 쓸 수 있을 것 같아서 좋아요"라고 했어요. 우리가 어떤 프로그램을 쓸 때 실제로 쓰는 기능은 10%가 안 되고 90%의 기능이 숨어 있습니다. 그 숨어 있는 기능을 챗GPT 같은 AI는 소위 '알잘딱깔센(알아서 잘 딱 깔끔하게 센스 있게)'으로 잘 갖다주더라는 거죠.

사회자 네, 알겠습니다. 우희종 교수님도 우리가 지금의 챗GPT에 놀라는 이유를 인간과 비슷하다는 점 때문이라고 하셨어요. 그리고 먼 관점에서 현재 챗GPT를 뛰어넘는 SI의 등장과 함께 더 큰 변화가 올 거라고 얘

* Visual Basic for Application의 약자. 마이크로소프트 오피스 시리즈에 탑재되는 프로그래밍 언어이며, 엑셀, 액세스, 워드 등의 오피스 응용 프로그램 소프트웨어의 기능을 사용자가 정의하거나 확장할 수 있다. (네이버 두산백과 참고)

기하셨는데요. 그런데 챗GPT 이후 AI 기술이 엄청나게 발전하고 기능이 올라가는 순간 "우리보다 더 많이 알아내고, 더 많은 걸 얘기하는 AI가 우리 위에 있다고 인정해버리면 이 사회가 바뀌지 않겠어?"라면서 인간이 AI를 종교화할 가능성도 있지 않을까요?

우희종 그럴 가능성은 그렇게 높은 것 같지 않아요. 물론 향후 시점이 어디냐에 따라 답은 전혀 달라질 수 있는데요. 예를 들어서 최소한 지금만 봤을 때 인간이 챗GPT와 종교를 굳이 연결할 정도까지 왔느냐 할 때 좀 의심스럽거든요. 주님AI, 스님AI의 대답 수준이 아직 높지 않습니다. 스님AI에게 "기독교에 관해 어떻게 생각합니까?" 물어보면, 팔만대장경 일부를 근거 자료로 가져왔다면서 '기독교에 관한 구체적인 언급은 없지만'이라고 얘기합니다. 그런데 일본의 팔만대장경인 '다이쇼신수대장경(大正新修大藏經)' 안에는 이미 '경교'라고 해서 성경의 일부가 들어가 있습니다. 그런 점에서 저는 이 AI를 종교 교주로 인정하느냐 안 하느냐는 전적으로 인간한테 달린 것 같아요. 아울러 AI 자체가 정말 종교적 사고를 하는 교주가 되려면 최소한 아까 제가 발제에서 언급한 메타인지라든지, 인간의 표면적 삶의 이면까지 접촉될 수 있는 사고 능력을 갖춰야 합니다. 그걸 갖추지 않는다면 결코 기존의 종교를 대체할 것 같지는 않아요. 목사도 승려도 신자에게 본인의 영성을 나눠주는 존재가 아니라, 신도들의 영성을 촉발하고 촉진하는 도우미의 역할임을 생각할 때, 그 정도의 역할이라는 것이죠.

김덕진 저는 지금의 종교 역할은 약간 대체할 수 있을 것 같아요. 아까 말씀하신 대로 결국 이거는 인간의 관점이라는 게 되게 중요한 것 같은데, 사람이 제일 잘하는 게 의인화잖아요. 저는 의인화를 한다는 게 우리에게 주는 메시지가 많다고 생각해요. 예를 들면 예전에 'EBS 다큐프라임'에서 실험을 하나 했어요. AI하고 사람이 스피커로 대화를 하는 거예요. 그 사람들한테 대화를 쭉 이어가게 해요. 그다음에 "이 챗봇 스피커에 킬(Kill) 스위치를 눌러서 얘를 박살내버리면 더 좋은 스피커를 줄게"라고 실험 참가자들에게 물어봤는데, 재밌는 게 피험자 중 27%만 킬 스위치를 누르고 나머지는 누르지 않았다고 해요. 비슷한 사례로 최근에 생성형 AI가 뜨면서 과연 이게 어떤 산업이랑 연결될까 논의할 때 가장 먼저 언급되는 게 로봇 팻시장이거든요. 실제로 노년이 되면 외로우니까 동물 키우는 분들이 많잖아요. 그런데 그분들의 건강이 가장 안 좋아질 때가 언제냐면, 나보다 먼저 키우는 개나 고양이가 죽었을 때 심한 우울증이 온다는 거예요. 그래서 일본에서 나온 게

AI 고양이털 방석이에요. 생긴 건 그냥 방석인데, 꼬리가 달려 있고, 제가 움직이면 이 방석이 꼬리를 흔들어요. 그리고 방석이 따뜻해집니다. 얘는 배터리만 충전해주면 할머니, 할아버지가 돌아가시기 전까지는 계속 있는 거죠. 심지어 얘네는 챗GPT처럼 굳이 인간의 언어로 대화를 안 해도 인간이 AI를 소중한 존재로 느낄 수 있게 되는 거죠. 예를 들면 이 로봇팻에 들어가는 생성형 AI에 강아지, 고양이 같은 프로그램을 해놓으면 '나 오늘 힘들었어'라고 하면 강아지는 '멍멍멍' 하면서 우리에게 따뜻한 온기를 주는 겁니다. 그러면 이제 이거를 기계로 볼 거냐, 나의 마음을 알아주는 애완동물로 볼 거냐는 인간에게 달린 거죠. 그래서 저는 AI가 실제로 신이 될지에 관한 여부와 무관하게 사람들이 종교 행위를 할 때, '내가 왜 꼭 종교 회당에 가야해? 그냥 이 AI에게 내 감정을 해소 받으면 되는 거 아니야?'라는 관점은 충분히 생길 수 있지 않을까 보고 있습니다.

인간이 종교에 바라는 것은 위로인가, 진리인가?

우희종 얘기를 좀 더 확장해 보면, 그리스 로마 신화에도 수많은 의인화된 신들이 나오잖아요. 그런데 우리가 그리스 로마 신화를 믿나요? 믿지 않죠. 사실 기독교의 성경도 잘 보면 이 그리스 로마 신화와 비슷한 부분들이 많습니다. 그런데 우린 왜 기독교는 믿고, 그리스 로마 신화는 믿음의 영역으로 생각하지 않을까요? 기독교가 우리에게 와 닿는 이유는 성경에 나왔듯이 그리스도가 "길이요 진리요 생명"이기 때문에 구원을 줄 수 있다고 생각하기 때문입니다. 그런 의미에서 본다면 의인화되지 않고서도 기독교인들은 성경이 주는 구원을 충분히 받아들일 수 있음에도 불구하고, 의인화됐을 때 그걸 더 몸으로 느끼는 거죠. 종교활동을 할 적에도 '길이요 진리요 생명' 대신 의인화된 하나님과 예수님을 얘기하게 되는 거고요. 즉, 인간이 종교를 믿는 본질적인 이유는 결국 '진리와 구원' 때문입니다. 의인화된 '신' 때문이 아닌 거죠. 저는 향후 SI가 등장하고 기술이 발달했을 때는 종교의 신화적인 형태는 많이 걷어지고, 종교가 '진리란 무엇인가'를 고민하는 형태로 가게 되지 않을까 생각합니다. 때문에 그런 진리형 종교는 지금의 AI로는 대체할 수가 없는 것이죠.

김덕진 관련해서 저도 얘기를 하나만 더 보태면, 제가 실은 주변에 많은 목사님들한테 주님AI를 보여드렸어요. 그러면서 어떻게 생각하시냐고 물었었는데, 공통적으로 기독교를 '내가 바라는 말씀을 듣는 용도'로 쓰는 게 강화될 것 같다고 하시더라고요. 사실 기독교의 진리는 본인의 부족함을 느끼고, 내가 결국에는 부족한 존재이기 때문에 더 낮아지고, 그 안에서 겸손하게 지내며 서로의 공동체에서 하나님의 말씀이라는 진리를 추구하는 게 맞죠. 그런데 지금 우리가 실제로 겪고 있는 기독교는 어떤가요? 그것보다는 내가 원하는 내용 그리고 나의 마음을 긁어줄 수 있는 내용을 말해주는 식이라는 거죠. 교회 목사님들 중에 설교학이나 성경 연구하시는 분들은 토타 스크립투라(Tota Scriptura) 즉, 전체 성경을 통으로 보는 게 중요하다는 말씀을 많이 하십니다. 그렇지 않으면 자기가 원하는 부분만 취사선택해서 보게 되니까요. 한 맥락의 말씀을 통해 내 귀와 마음을 시원하게 해주는 종교활동이 원래 기독교의 근원이 아닌데, 이게 자칫하면 이단을 양산하고 확대하는 데 도움을 줄 수 있다는 거죠. 〈나는 신이다〉에 나오는 이단도 결국 개인의 약한 상황에 맞춰 그 결핍을 파고드는 것들인데, 챗GPT나 AI가 자칫 잘못하면 그런 식의 '맞춤 신앙'을 양산할 수도 있다는 겁니다. 즉, 제가 하고 싶은 얘기는 '인간은 지금 기독교라고 하는 것들을 그 진리대로 믿고 있는가?'를 고민해야 한다는 겁니다. 만약 인간이 현재 종교에 바라는 역할이 대부분 이런 '맞춤 신앙'적인 것이라면, 종교 자체가 앞으로 진리를 고민하는 형태로 되기보단, 맞춤 신앙적인 경향을 종교 AI가 더 강화할 수도 있다고 생각합니다.

우희종 매우 중요한 지적이라고 생각해요. 실제로 요즘 모든 종교에서 신도들이 줄고 있거든요. 전문 종교인도 마찬가지라서 출가든, 신부가 되는 것이든 다 줄고 있어요. 왜 그럴까요? 피상적으로 개인의 맞춤형 위로를 주는 종교의 역할은 이제 상담이나 심리 등 다른 데서 너무 많이 하고 있기 때문이죠. 그런 의미에서 챗GPT 이후 AI가 맞춤 신앙적인 역할을 하게 된다면 사실 기독교건 불교건 기존 종교의 규모를 감소시키는 역할을 할 수도 있다고 생각해요. 다만 표면적으로 개인을 위로하는 건 당연히 종교의 일차적 역할이지만, 진정한 교회나 사찰이라면 주변으로까지 확장된 열린 신앙으로 힘든 사람과 함께해야 하거든요. 물론 소장님 말씀처럼 이 세상에는 개인을 위로해주는 수준에만 머물거나 그런 '맞춤 신앙'을 통해 돈벌이를 하는 종교 집단도 많습니다. 그러나 진짜 하나님의 말씀대로 신앙을 성장시켜서 사역하고 우리 사회에 힘들고 소외된 사람들과 함께하려는 곳도 있거든요. 그런 부분은 AI가 함부로 폄훼하지는 못할 거라고 저는 생각합니다. 그러면 종교 집단의 수는 줄더라도, 종교 자체는 진리를 향해 더 나아갈 수 있는 것이죠.

사회자 참석자 여러분의 질문이 중요해요. 김덕진 소장님과 우희종 교수님 두 분의 발제와 대담 들으면서 떠오른 질문 있으시면 자유롭게 말씀해주세요.

참석자 1 앞으로 더 시간이 지나면 교회에서 목사님들의 설교는 없어질까요? 없어지지 않는다면 어떤 식으로 바뀔까요?

김덕진 좋은 질문입니다. 사실 주님AI 등으로 인해 대두되는 문제는 일반 성도들보다는 목회자들과 관련된 문제입니다. 냉정하게 말하면 설교를 통해 돈을 버는 분들의 얘기라고 볼 수 있어요. 유튜브를 보면 주님AI에 관해 목사님들이 토론한 영상이 있어요. 영상에 나온 목사님들의 얘기 중 와닿았던 게, 설교자 입장에서 설교가 교회에서 차지하는 비중이 너무 막강하다는 거예요. 그래서 그들이 이런 종교 AI봇들의 등장에 두려움을 느끼는 거고요. 영상에서 코로나 시국 한국 교회가 비대면으로 움직였을 때 "교회의 어떤 기능을 강화해야 하느냐?"에 관한 설문조사를 했었다고 해요. 이때 목사들과 성도들의 생각이 갈렸는데, 목사들은 이럴 때일수록 설교를 강화하고 메시지 중심적으로 가야한다고 답한 반면, 성도들은 교회가 유용한 디지털 콘텐츠를 제공해서 온라인 커뮤니케이션 기능을 강화해줬으면 좋겠다고 한 거죠. 그리고 코로나가 끝났을 때, 설교를 강화하는 방식으로 비대면 상황을 극복하려 한 교회들은 되레 더 큰 교회들에 성도를 많이 빼앗겼고, 온라인 커뮤니케이션 기능을 강화하며 커뮤니티 유지에 힘쓴 교회들은 비대면 상황을 잘 극복했다고 합니다. 그 유튜브 영상의 목사님들은 앞으로 설교의 권위가 설교자보다는 교회 공동체로 넘어가게 될 거라는 말씀을 하시더라고요. 앞으로는 누구나 더 쉽게 지적 탐구에 의해 연구할 수 있고 토의할 수 있기 때문이죠. 향후 등장할 수많은 종교 관련 AI들이 사람들의 지적 탐구를 더 잘 도와주기도 할 거고요.

참석자 2 인간은 결국 나를 편하게 해주는 형태로만 종교를 남기게 될까요?

김덕진 저는 아까 우희종 교수님이 말씀하신 것처럼 내가 누구인가를 끊임없이 탐구하는 게 종교가 갖는 본질이고 그건 원래 불편한 거라고 생각해요. 그런데 우리가 불편함이 아닌 편함을 종교에서 찾아서 지금 상황이 됐다고 봅니다. 가령 교회에 가면 나와 같은 세계관을 가진 사람들이 있고, 그들과 관계를 맺으며 위로를 받는 거죠. 그런데 지금 AI 기반의 알고리즘 서비스들이 해주는 게 딱 인간이 종교에 바라는 편함과 관련된 것들입니다. 예를 들면 유튜브를 보고 있으면 알고리즘에 의해 나랑 생각이 비슷한 사람들의 영상이 보이잖아요. 댓글을 봐도 내가 굳이 오프라인에서 나와 비슷한 취향 공동체를 안 찾아도 그 안에 약한 취향 공동체들이 있거든요. 그 취향이 종교가 될 수도 있고, 정치, 사회, 경제, 문화 어떤 것이든 다 될 수 있습니다. 그래서 그 안에서의 위로와 행복을 편리하게 찾을 수 있죠. 그런 식으로 내게 위로를 주거나 나와 비슷한 취향을 갖는 사람을 찾는 건 이제 교회나 여타 다른 종교 공동체가 아니어도 가능하다는 겁니다. 결국 존재의 본질을 묻는 불편함을 끊임없이 추구하지 않는 종교는 살아남지 못할 거라고 생각해요. 그래서 저는 지금의 변화로 인해 기독교 교회의 절대적 숫자는 많이 줄 거라고 봅니다.

우희종 사람마다 무엇이 자기를 편하게 해주느냐에 관한 관점이 다르죠. 종교도 성도들을 위로하고 공감하는 역할을 분명히 하고 있지만, 한편으로 내 존재의 의미는 뭘까 고민하면서 '나는 왜 살까?'라는 질문을 종교에 묻는 사람도 있습니다. 때문에 종교에 관해서는 '편하다'라는 말이 굉장히 중층적일 수밖에 없는 것이죠. 말씀처럼 종교의 본질은 우리가 기존에 가졌던 편안함을 오히려 흔들어버리는 겁니다. 나아가 불편함을 편안하게 느끼게 되도록 우리에게 수행을 요구하죠.

참석자 3 우희종 교수님은 포스트휴먼 쪽에 대해서도 연구를 많이 하셨다고 알고 있습니다. 특히 2016년 알파고가 나왔을 때, 교수님께서 포스트휴먼이 등장하는 특이점이 2040년이라고 말씀하셨던 게 인상적이었는데요. 벌써 2023년입니다. 혹시 그 시점이 더 지연되거나 빨리 올 거라는 연구 결과들이 나오고 있나요?

우희종 좀 더 당겨질 거라는 생각을 하는데 그것을 결정하는 건 제가 보기에는 아마 양자 컴퓨터가 얼마만큼 빨리 개발되느냐에 달린 것 같습니다. 사실 지금 우리가 말하는 특이점이라고 하는 건 자율적인 AI를 전제해야만 발생할 수 있거든요. 그런데 스스로 생각하고 스스로 움직이는 AI가 나오려면 굉장히 빠른 판단을 가능하게 해주는 양자 컴퓨터가 필요합니다. 우리 생명체는 수만 년 동안 생존을 위해 다져온 게 있어서, 뱀만 봐도 바로 움직이잖아요. 자율적인 AI를 위해선 이런 정보를 다 담을 수 있는 수준의 컴퓨터가 필요한 것이죠. 그래서 특이점의 등장 시점은 양자 컴퓨터의 개발 속도에 달리지 않았나 생각하고 있습니다. 그런데 요즘 그런 양자 컴퓨터가 구체화 되고 있다는 얘기는 들었는데, 그 지점은 제가 자세히는 모르겠습니다.

김덕진 그 부분은 제가 챗GPT4와 연관해서 추가로 설명해 드릴 수 있을 것 같아요. 원래 AI에는 '모라백의 역설'이라는 말이 있습니다. 그 말이 뭐냐면 사람한테는 되게 쉬운 건데 AI한테는 어렵고, 반대로 AI한테는 쉬운 건데 사람한테는 어렵다는 겁니다. 제일 대표적인 게 로봇이 무거운 건 잘 들잖아요. 그런데 관절을 움직이는 건 어려워서 오히려 로봇이 작은 걸 잡는 게 되게 어렵거든요. 사람은 반대잖아요. 그런데 그런 것들이 이번에 챗GPT4가 나오면서 조금씩 깨지는 것이 아니냐는 흔적들이 나오기 시작했어요. 우리는 지금 챗GPT를 텍스트로만 보고 있는데, 챗GPT4가 원래 데모에서 나온 걸 보면 글자나 그림을 교차적으로 판단할 수 있는 공감각적인 행태를 할 수 있게 됐는데요. 소위 '멀티모달'*이라고 하는 기술이죠. 대표적으로 뭐가 나왔냐면 줄에 묶인 헬륨풍선이 떠 있는 사진이 있어요. 챗GPT4에게 이 사진을 주고 '선을 끊으면 어떻게 될까?'라고 물어보면 '풍선이 날아갑니다'라고 대답을 합니다. 이게 별것 아닌 것 같지만 AI가 그걸 이해하려면 기본

* 인간은 하나의 개념을 이해할 때 시각과 미각, 촉각 등의 감각과 텍스트, 기억 등 여러 개념을 통합해서 인식한다. 가령 '사과'라는 단어가 있다면 인간은 이 개념을 이해하기 위해 사과의 이미지와 맛, 촉각, 텍스트의 의미 등 다양한 감각과 기억을 융합하며 지식을 통합하는 방식으로 사물을 받아들이는 것이다. '멀티모달'은 시각, 청각을 비롯한 다양한 인터페이스를 통해 정보를 주고받는 것을 말하는 개념이다. 즉, 멀티모달 AI란 인간처럼 다양한 채널을 통해 들어오는 시각, 청각 등의 정보를 동시에 받아들여 학습하고 사고하는 AI라 볼 수 있다.

적으로 사진 속 이미지가 '풍선'이라는 것을 인지하고, 풍선에 헬륨이 들었을 때 뜬다는 걸 인지해야 합니다. 그리고 '헬륨이 든 풍선이 줄에 묶여 있을 때 줄을 끊으면 공중에 올라간다'라는 이 모든 복합적인 과정을 이해해야 하거든요. 이게 우리 인간은 그냥 자연스럽게 이해할 수 있지만, 얘는 그걸 모두 데이터적으로 이해해야지 대답을 할 수 있습니다. 이런 방식의 기술들이 등장하면서 최근에 '모라백의 역설'이 '조금씩 깨지는 게 아닌가?'라는 얘기가 나오고 있고, 아직 AI가 인간처럼 사고를 하는 것은 아니지만, 조금씩 힌트들이 나오고 있다고 볼 수 있을 것 같습니다.

SI는 고통과 감정을 느낄 수 있는가?

참석자 4 우희종 교수님께서 앞으로 메타인지의 영역에 도달한 SI는 고통을 인지하게 될 수 있다고 말씀하셔서 질문합니다. AI가 전원이 꺼지는 것 외에 고통을 어떻게 느낄 수 있을까요? 말씀하신 고통이 추상화된 형태의 고통이 아니라, 실제적인 고통을 말씀하시는 걸까요?

우희종 알다시피 우리가 느끼는 통증도 신경세포의 전기 신호로 전달되어 인지됩니다. 예를 들어 가상의 로봇이 있다고 생각해 봅시다. 그럼 얘는 자기가 그냥 전

원을 끄는 것뿐만 아니라 어느 하나가 딱 손상이 왔을 때 그 부분에서 전기 신호가 갈 거잖아요. 그러면 얘는 "여기는 손상된 부분이야"라고 인지하겠죠. 그걸 인간은 보통 통증이라고 표현하지만, AI는 위기신호(danger signal)라고 표현합니다. 그런데 우리가 느끼는 이 통증이라는 것도 일종의 위기 신호거든요. '너 이거 위험하니까 빨리 반응해'라는 의미이기 때문에 용어에 있어서 우리에게 익숙한 용어냐 다르게 표현된 용어냐 정도의 차이라고 봅니다. 결국 로봇도 전기를 포함한 그 어떤 신호건 하나의 흐름으로써 안정된 상태 즉 온전성(Integrity)을 유지하는데, 그게 딱 깨지는 순간 위기 신호가 쭉 가기 때문에 그거를 로봇의 통증이라고 말할 수 있는 거죠. 우리 생체도 통증이라고 말하지만 실제로는 이게 전기 신호니까요.

참석자 4 그러면 AI가 스스로 본인의 온전한 상태를 느낄 수 있다는 게 전제가 되는 거네요?

우희종 그렇죠. 결국 그 얘기는 로봇이건 사람이건 하나의 개체로서 이제 인정을 하는 거죠. 그래서 이제 특이점 이후의 AI는—도구적으로 쓰이는 AI는 그렇지 않겠지만—자신의 온전성을 유지하는 능력이 있거든요. 그걸 스스로 못하면 자율적이라고 말할 수 없습니다. 그래서 그러한 자율적 로봇의 경우 자기의 특정한 온전성이 깨질 때 전기 신호가 가고 자기가 그것을 보완하게 되겠죠.

김덕진 교수님 말씀 들으니까 든 생각이, 사람이 아플 때 감지한 통증을 해결 못 하면 결국 죽잖아요. 비슷하게 지금 챗GPT를 만드는 모든 시스템에 클라우드나 GPU들이 많이 쓰이면 열을 받거든요. 그리고 그 열을 안 식혀주면 고장 나거나 사람으로 치면 죽어요. 사람이 머리를 많이 쓰면 머리에 열이 난다고 하잖아요. 얘는 실제로 열이 나요. 그래서 챗GPT가 우리랑 질의를 한 40번 정도 하면 이 열을 식히기 위해 중수 500ml 정도를 써야 되거든요. 그런데 그 물을 사람이 부어주는 게 아닙니다. 얘가 열이 어느 정도 나면 순행식 시스템이 알아서 열을 식힐 수 있게 물이 지나가는 형태가 되는 건데, 그걸 사람의 관점으로 보면 열이 났을 때 자기가 병원을 찾아가는 거죠. 물론 지금은 열이 식지 않았을 경우의 다음 행동(next thing)이 없습니다. 열이 나면 물로 열을 식히는 시스템만 갖춰 있는 거죠. 그런데 만약 시스템에 문제가 생겨서 열이 나지만 물이 안 나오는 상황이 생겼다고 가정해봅시다. 지금의 AI는 그 위기신호를 해결 못 하겠지만, 만약 교수님 말씀처럼 AI가 사고할 수 있고 팔다리가 있어서 움직일 수 있는 개체가 되면 나중에는 참지 못하고 어딘가에 있는 물로 뛰어들 수도 있겠죠.

참석자 5 인간은 행동과 감정이 같이 가잖아요. 예를 들어 '배가 아프다'는 통증이 생기면 슬프거나 짜증 나는 감정이 들 수 있고, 영화를 보고 슬픈 감정이 들어서 눈물이 나올 수도 있고요. 특이점 이후 나올 SI도 인간과 비슷한 감정의 양상을 가질까요? 특이점 이후에 나올 SI는 구체적으로 어떤 모습일까요?

우희종 특이점 이후 나오는 자율적인 SI라면 어떤 상황에 관한 본인들만의 자율적인 반응이 있을 겁니다. 다만 구체적으로 그게 인간과 같은 감정일지는 말하기 어렵습니다. SI에 입력될 수많은 데이터에는 인간이 가진 감정에 대한 것도 충분히 있을 텐데, 그것을 바탕으로 어떤 임계상태가 돼서 창발적으로 나타난 SI가 인간과 비슷한 감정을 가질 거냐, 안 가질 거냐는 아직은 열린 질문 같습니다. 창발적 현상 자체가 예측 불가능성이라는 속성을 담고 있거든요. 특히 감정을 포함한 인간의 개체고유성을 만들어주는 또 다른 중요한 특징 중의 하나는 개체마다 다른 '선택적 망각'입니다. 그런데 아직 AI에 있어서 망각이란 부분은 논의되거나 고려조차 없는 현실이라서 그 질문에 답하기는 어렵습니다.

김덕진 저는 흉내 낼 수는 있다고 봐요. 인간이 오랫동안 살아가면서 배운 것들을 얘는 데이터로 훨씬 빨리 배울 수 있잖아요. AI가 제일 무서운 건 인간이 배우는 데 50년의 세월이 필요한 거를 AI는 5분 혹은 5초로 줄일 수 있다는 거니까요. 그렇기 때문에 정말 저게 감정을 가졌다고 표현할 것이냐, 감정을 흉내 내고 있다고 표현할 것이냐는 오롯이 AI를 바라보는 인간의 판단이 아닐까 생각이 듭니다.

우희종 지금도 인간의 기억이나 정보들을 칩으로 계속 이전시키려고 노력하고 있잖아요. 그런데 이제 SI가 등장할 정도로 기술이 발전한다면, 사실 우리 한 사람의 삶에 대한 기억과 무의식까지 충분히 칩으로 갈 수도 있습니다. 그렇게 됐을 때는 그런 칩을 이식받은 또 다른 유형의 자율적인 SI가 등장할 수도 있겠죠.

SI는 디스토피아의 시작일까?

참석자 6 AI를 포스트휴먼이나 새로운 종교 나아가 신과 연관시켜 상상할 수도 있지만, 많은 SF작품들은 디스토피아적인 미래를 많이 그리잖아요. 예를 들어 영화 〈프로메테우스〉에서 인간을 컴퓨팅 자원으로 쓰려는 존재들이 나오는 것처럼요. 과학의 영역에서도 이러한 문제에 관해 고민하는 걸로 알고 있습니다. 그래서 챗GPT가 처음 대중들에게 공개됐을 때 반응 중 하나가

'특정 기간 동안 개발을 중지하자'는 논의가 있었잖아요. 만약 AI 기술 발전으로 인해 불안한 미래가 예고된다면 합의로 기술 발전의 속도를 늦추거나 잠깐 멈추는 게 실제로 가능한 상황일까요?

김덕진 '챗GPT 개발을 멈추자'는 논의는 사실 일론 머스크를 중심으로 여러 AI 연구자들이 6개월 동안 개발을 멈추고 각자 생각하는 것들을 정리해서 논의하자는 취지였죠. 많은 연구자들이 동의를 했고 서명도 했어요. 그런데 논의 3주 후 일론 머스크가 AI 회사 〈X.AI〉를 차렸습니다. 이런 게 참 아이러니한 거죠. 비슷한 사례가 이탈리아에서 처음에는 국가적으로 챗GPT IP를 차단했어요. '데이터 학습의 원리를 알 수 없다'는 이유로 생기는 개인정보 이슈 때문이었죠. 그러면서 이탈리아는 '데이터에 관해 명확하게 얘기 안 하면 우리는 못 쓰게 할 거야'라고 했거든요? 그런데 한두 달 지나더니 이탈리아도 오픈AI가 데이터 입력에 관해 정책적으로 바뀐 게 없는데 IP를 다 풀었습니다. 사실 AI 윤리 관련해서는 2018년도부터 계속 논의가 되었는데, 대부분이 아직 논의 중이지 확정된 게 하나도 없었습니다. 그런데 며칠 전에 EU에서 생성형 AI에 관해 규제를 논의하고 있는데, 처음으로 거의 통과될 것 같은 안건이 '생성형 AI가 만든 결과물에는 〈이건 사람이 만든 게 아니라 생성형 AI가 만든 거다〉라는 라벨링 하자'*라는 논의예요. 즉, 글이든 이미지든 영상이든 '이건 생성형 AI가 만든 거야'라는 것을 표시해야 된다는 겁니다. 물론 이게 기술적으로 가능한가에 대한 논의가 있지만, EU는 그러한 기술적 구현도 'AI를 만든 기업들이 해결해야 된다'라는 쪽으로 논의가 기울고 있습니다. 이러한 움직임들이 의미하는 게 뭘까요? 사실 다른 AI들은 나온 지 몇 년이 됐는데도 한 번도 규제가 범국가적으로 확정된 게 없었어요. 그런데 챗GPT라는 생성형 AI는 나온 지 1년도 안됐잖아요. 이렇게 빠르게 규제가 확정됐다는 것 자체가 그만큼 이들도 예상하지 못할 정도로 기술이 빨리 발전하고 있다는 거죠. 그리고 이런 AI가 인간에게 직접적으로 영향을 미칠 때 어쨌든 인간은 거기에 대해 어느 정도의 방어막이나 가이드라인을 만들고 있다. 이렇게 볼 수 있을 것 같습니다. 그런 관점에서 보면 AI 기술이 발전해 인간을 위협하는 수준이 된다고 해도 한편에선 계속 그런 정치적인 합의들이 있을 것이고, 인간은 잘 대응할 수 있다고 생각합니다. 물론 어떤 정책을 결정하거나 기술을 가지고 가이드라인을 만드는 분들이 지금보다 훨씬 더 빨리 움직여야 하는 상황이긴 합니다.

우희종 저는 그 점에 있어선 약간 입장이 다른데요. 소

* 유럽연합(EU)은 2023년 6월 14일 세계 최초로 인공지능(AI) 규제법 도입을 위한 최종 협상에 들어갔다. 법안에는 안면인식 AI기술 금지, 생성형 AI 학습에 사용되는 데이터 출처를 공개하는 내용이 담겼다. 올해 법안이 통과되면 2026년부터 본격 시행될 것으로 보인다.

장님은 굉장히 긍정적으로 바라보시는 입장 같습니다. 저는 이 질문에 대답하기 위해선 인간에 대한 이해가 좀 필요하다고 봅니다. 인간의 지식욕이라든지 호기심이라든지. 원자력이라는 것도 그 위험성을 알았지만 결국 지금까지 왔거든요. 지식의 발전 역사를 보면 인간은 끊임없이 탐구와 도전을 해왔습니다. 즉, 하지 말라고 해도 하는 동물이죠. 저는 바벨탑 이야기처럼 인간의 막을 수 없는 지식욕이 자기 발목을 잡게 되지 않을까 생각합니다. 예를 들어 사람을 복제하지 말라고 그랬는데—이건 UN에서 인간복제 전면금지 선언문*을 채택하면서 합의가 됐습니다—중국의 허젠쿠이라는 과학자는 '유전자 편집 아기'를 탄생시켜 교도소에 갔습니다. 기후위기는 어떤가요? 우리가 기후위기를 극복할 수 있을까요? 지금 강대국 간의 합의는 하고 있지만, 개발도상국에선 선진국에 '너희가 개발하면서 만들어낸 이산화탄소를 왜 우리가 부담해야 해?' 이러면서 갈등이 있죠. 전 지구적인 위기를 인류가 합의를 통해 극복한 사례가 한 건이라도 있다면, 저도 합의를 통해 AI로 인해 예고된 위기를 인류가 극복할 수 있다고 보겠으나 아직까진 없거든요. 아울러 개발한다는 건 거기에 생겨나는 잉여가치나 부가가치를 통한 부의 관점도 들어가잖아요. 우리 사회에서 첨단 과학이라는 걸 보세요. 생

* 2005년 모든 형태의 인간복제를 금지하는 선언문이 유엔(UN)에 의해 채택됐다.

명과학만 봐도 그것 때문에 생겨나는 부가가치나 잉여가치 때문에 투자를 받고 발전하고 있습니다. 포장은 생명을 위해서라지만, 사실 거기 들어가는 연구비의 1/3만 써도 지금 지구 저편에서 기아로 죽어가는 더 많은 생명을 살릴 수 있거든요. 하지만 지구 저편으론 돈이 안 갑니다. 그리고 생성형 AI는 현재 가장 부가가치가 높은 산업이지요. 앞으로도 잠깐 멈추자거나 합의를 통해 미래의 재앙을 극복하자는 해결방식이 거의 불가능하다고 생각합니다. 저는 지금 이대로라면 인간은 스스로 파멸의 길로 가지 않을까 생각하고 있습니다.

비인간·인간 공존의 시대, 우리의 윤리

참석자 7 포스트휴먼 시대로 가는 우리 인간이 가져야 하는 윤리관은 무엇일까요?

우희종 포스트휴먼도 결국 우리들의 활동에 대한 결과물이기 때문에 앞으로도 가장 중요한 건 우리 인간들이 느끼는 고통의 문제라고 생각합니다. 그래서 포스트휴먼의 연구 방향이나 향후 윤리에 관한 합의점은 반드시 인간의 고통이 기준이 되어야겠죠. 다만 인간은 어디까지나 생태계 내 구성원이기 때문에 인간의 고통이란 결국 생태계의 고통과 함께하는 겁니다. 생태계의 고통과 인간의 고통이 유관할 수밖에 없다는 인식 하에 포스트휴먼의 윤리적 합의점을 향해 끊임없이 노력해나가는 게 중요하다고 생각합니다.

김덕진 지금 나오고 있는 종교와 관련된 AI들이 완전히 종교를 대체할 수 있었다면 이미 가능했을 거라고 봅니다. 왜냐하면 전 세계를 울린 명 설교가의 연설을 지금은 누구나 똑같이 전문을 받아보고 들어볼 수 있잖아요. 그렇다면 모든 설교자들이 그거를 똑같이 강단에서 했으면 자기도 그만큼 유명해졌어야겠죠. 하지만 그렇지 않잖아요. 즉, 그 상황과 환경에 맞춰서 설교자가 그 자리에서 얘기하는 메시지가 사람들의 마음에 동조와 공감을 불러일으키는 겁니다. 기독교적으로 말하면 하나님께서 주시는 영성에 의해서 내가 그 자리에서 말하는 메시지의 울림이 달라지는 거고요. 그런 관점에서 결국 저는 종교에서 설교 자체는 중요한 게 아니라고 생각합니다. 종교생활이란 건 AI가 줄 수 있는 설교를 뛰어넘는 영성과 영감을 계속 추구하는 삶을 향한 여정이기 때문입니다. 이건 변하지 않을 것 같아요. 종교적 인간이 진리를 향해 사유하고 고민하는 길은 앞으로도 이어질 겁니다. 그 길 위에서 포스트휴먼 시대로 가는 인간의 윤리도 합의해 나가야 한다고 생각합니다.

AI와 노동의 미래

김덕진, 이상호

인간은 낚이고 기계는 배운다

김덕진

미래는 어디서 찾을 수 있을까? 때때로 미래의 모습을 학술지가 아니라 SF소설이나 영화, 만화 등에서 발견하곤 한다. AI와 관련된 수많은 콘텐츠를 보았지만, 나의 무릎을 '탁!' 치게 했던 강렬한 경험은 2016년 알파고가 등장한 뒤 얼마 되지 않아 보게 된 〈가우스전자〉라는 웹툰의 한 장면이다. 만화에서 등장하는 두 인물은 아래와 같은 대화를 이어간다.

A: 미래에는 좋은 질문을 만드는 사람이 세상을 이끌겠죠.

B: 좋은 질문?

A: 네. 답을 찾는 일은 인공지능이 할 테니까 인간은 인공지능에게 던져줄 좋은 질문을 만들어 내야죠.

B: 아… 근데 아직도 학교에서는 정답만 죽어라 외우라고 가르치잖아. 질문하는 법을 가르치지 않고.

A: 교육도 바뀌어야죠. 모든 일에 의문을 가지고 생각하는 방식으로.

지금 봐도 소름이 돋는 대화이다. 알파고 이후 정확히 7년이 지났고 세상은 챗GPT와 생성형 AI에게 질문하고 답을 찾는 시대가 되었다. 질문하는 법을 가르치는 교육을 진행한 이스라엘과 인도 같은 국가들은 미국과 함께 AI 시대의 강력한 리더십을 가지고 세상을 이끌고 있다. 그러나 여전히 정답만 외우는 대한민국의 교육은 언제나처럼 변화 이후 소 잃고 외양간 고치듯 어떻게 AI 인재를 키워야 할지 고민과 해답 없는 논의를 이어가고 있다.

그나마 다행인 것은 윗세대들의 고민이 길어지는 이 시기에 오히려 학생들은 스스로 실행해보고 운영하면서 정답을 찾아가고 있다는 것이다. 학생들은 챗GPT를 활용하여 과제를 하거나 문제를 풀어보며 스스로 생성형 AI의 장단점과 한계를 찾아나가고 있다. 이들은 레고블록처럼 잘만 조립하면 새로운 제품과 서비스를 만들 수 있는 인공지능 API(Application Program Interface)들을 통해 창업에 나서기도 한다. 이미 전 세계적으로 AI 경기가 시작되었고 공격수들이 우리를 향해 달려오고 있는 중이다. 그런 상황에서 패스하는 법, 슈팅하는 법을 고민하는 것보다 당장의 내 앞에 공을 가지고 상대방의 골대를 향해 달려 나가는 청년들이 있기에 그래도 대한민국의 앞길을 조금이나마 밝게 볼 수 있을 것 같다.

영화 〈아이언맨〉을 보면 아이언맨의 능력을 극대화해주는 AI인 자비스가 등장한다. 자비스는 음성으로 실시간 소통이 가능하고, 아이언맨에게 새로운 아이디어를 던져주기도 하는 강력한 도구다. 영화 속 자비스는 오직 아이언맨만 사용할 수 있지만, 2023년 우리에게도 자비스와 같은 녀석이 찾아왔다. 챗GPT를 비롯한 다양한 생성형 AI 기반의 도구들이 자비스처럼 우리의 질문을 기다리고 있는 것이다. 우리는 이들에게 어떤 질문을 해야 할까? 도구의 진화에는 늘 논란이 있지만, 그 진화로 인해 발생한 기술의 시작은 시대의 관점을 바꾸어 놓는다. 생성형 AI로 인해 우리의 일자리에는 다소 지각변동이 있을 것이다. 그렇다고 '인간의 노동이 더는 필요 없어지는 것이 아닌가'라는 고민 속에서 아무것도 하지 않고 멍하니 있을 것인가?

SNS에서 본 하나의 그림을 통해 우리의 교육과 노동의 미래에 대한 발제를 마무리하고자 한다. 그림을 보면 사람은 스마트폰에서 주는 정보와 콘텐츠를 홀린 듯이 보며 길을 걸어가고, 로봇은 오히려 책을 읽고 그림을 그리며 생각의 폭을 넓혀가고 창의성을 키우고 있다.

"Humans are HOOKED. Machines are LEARNING."

인간은 낚이고 있고, 기계는 배우고 있는 것이다. 알

파고 이벤트가 벌어진 뒤 한때 AI가 우리의 일자리를 다 가져가는 거 아닌가 하는 걱정을 했던 때가 있었다. 우리가 AI에게 추월당하고 싶지 않다면 우리 스스로 로봇처럼 행동하는 것을 멈춰야 하지 않을까? 멍하니 스마트폰을 바라보며 시간을 보내고 AI가 추천하는 콘텐츠에 갇혀 사는 것이 아닌, 무엇이 우리의 미래를 바꿀 것인지 스스로 생각하고 고민하며 나만의 질문을 만들어 내는 것. AI 시대에 내 일자리와 미래를 만드는 첫 걸음이 아닐까 생각한다.

트위터의 Ricardo Cappra에 의해 밈처럼 퍼진 이미지이다.

AI 시대, 일자리의 미래를 결정하는 가치

이상호

챗GPT는 우리의 노동과 일자리를 어떻게 변화시킬 것인가? 챗GPT를 비롯한 생성형 AI의 습격으로 인해 기계와 인간의 관계 자체에 대한 근본적 의문이 제기되고 있다. 도구와 수단으로만 인식되었던 기술이 발전을 거듭하여 생성형 AI까지 이른 지금, 우리는 멀지 않은 미래에 AI의 보조인력으로 일하고 있는 자기 자신을 발견할 수도 있을 것이다.

낙관적인 미래학자는 AI의 도입으로 인해 새로운 일자리와 직업이 더 많이 생겨날 것이라고 주장하지만, 그건 미래의 이야기이다. 적어도 현재 인간이 수행하고 있는 기존 업무와 일 상당 부분이 AI의 급습으로 인해 단기적으로 대체되거나 없어질 운명에 처해 있다는 것이 일반적인 예측이다. 산업화 시대 대량생산과 기계화의 고용효과가 주로 제조인력의 축소로 나타났다면, 인공지능의 발달은 모든 산업과 서비스 부문의 디지털 전환과 결합하면서 수집, 분류, 분석, 체계와 평가로 이어지는 대부분의 노동과정을 기계가 대체하는 상황을 만들고 있다. 기계 대체가 불가능할 것으로 보였던 변호사와 의사 등 전문 직종도 업무의 상당 부분이 AI로 대체되고 있는 게 현실이다.

이러한 상황에서 노동의 미래는 암울하기만 한 것인가? 이제 인간의 노동은 지식 집약적이고 서비스 지향적인 역할로 전환될 것이다. 노동자가 AI 시대 변화하는 기술과 시장 수요에 적응할 수 있도록 직업능력 향상훈련과 재교육이 더욱 중요해지고 있다. 산업 대전환 시대 기술교육 및 직업훈련 프로그램 제공, 교육훈련 시기 생활 소득 보장, 유급 교육휴가 등 포용적 사회안전망도 필요하다.

그리고 무엇보다 가장 중요한 것은 일자리의 미래는 노동의 담지자인 인간 스스로 결정할 수 있다는 가치와 비전이며, 그 가치와 비전을 노동사회와 직업세계에서 적극적으로 실천하고자 하는 인간의 의지와 노력이다.

사회자 일단 학장님이 오셨으니까 학교 상황에 관해 물어볼게요. 사실 이미 캠퍼스에 챗GPT의 등장으로 논문부터 시작해서 시험 방식이 바뀌고 있다는 얘기가 들리는데, 한국폴리텍대학은 어떤 영향을 받고 있습니까?

이상호 일단 교수님부터 충격을 받고 있는 것 같습니다. 그냥 보통의 기술 변화 이런 것들은 예측할 수 있는 건데 최근 몇 달 사이에 일어난 변화가 워낙 급격하다 보니 그 충격을 제대로 소화하진 못했습니다. 다만 이게 선견지명인지 모르겠는데 사실 한국폴리텍대학은 2021년도 1학기부터 이미 AI 관련 수업을 전교생에게 필수적으로 시행하고 있었어요. 예를 들어 전기에너지시스템학과의 경우 1학년 1, 2학기에 각 2시간씩 2학점짜리 수업이 진행돼요. 'AI와 미래사회'라는 1학기 수업은 AI 등 디지털 전환의 배경과 주요 내용과 그 사회적, 기술적 효과 등을 교양과목으로 진행하고, 'AI소프트웨어 활용'이라는 2학기 수업은 파이썬(Python) 프로그램으로 코딩하는 법을 배우고 이를 이용하여 데이터를 분류하고 분석하는 것을 배웁니다. 2023년 현재 이러한 AI 관련 수업은 전체 14개 학과에 다 적용해서 모든 학생들이 필수적으로 수업을 듣게 했습니다. 아마도 AI나 메타버스 이런 새로운 부분들이 굉장히 빨리 기존 기술교육에 적용되고 적극적으로 활용될 것이라고 생각했기 때문에 미리 수업을 만들었던 건데, 그 효과를 상당히 보고 있는 것 같아요. 그래서 학생들은 조금 익숙한 것 같지만, 이러한 변화를 제대로 준비하지 못한 중년 교수님들은 큰 충격을 받고 있는 것 같습니다. 지금 저희한테 주어진 과제는 교수님을 포함한 교직원들의 디지털 전환 재교육과 인프라 구축입니다. 이를 통해 인공지능과 산업 간 융합이라는 'AI+X'라는 트렌드를 받아 안아서 학생들의 교과 과정에 AI 융복합 교육을 반영해 단순히 교실에서만 쓰는 게 아니라 우리 학교 학생들이 졸업 후 산업 현장에서 이를 적용할 수 있게 만드는 게 목표입니다.

김덕진 저도 세종사이버대학교의 AI컴퓨터공학과 교수로 있지만, 학과 내 교수님들이 되게 난처해하세요. "이게 내가 가르쳐야 할 수업이야?"라고 생각하시는 거죠. 왜냐하면 챗GPT는 쓰다 보면 사실 일종의 비즈니스 노하우 같은 느낌에 가깝거든요. 교수님들이 프로그래밍이나 코딩은 익숙한데, 이런 거는 안 해보셨으니까 "이걸 내가 가르치는 게 맞아? 이거 경영학과 MIS 하는 데에서 가르쳐야 하는 거 아니야?" 이런 식으로 얘기를 많이 하세요. 그런데 학과 총장님 같은 분들은 'AI니까 AI 학과에서 가르쳐야 한다'라고 하니까 그분들이 엄청 난처한 거예요. 그래서 저한테 '수업 좀 해주세요' 그러시기도 하죠.

사회자 혹시 학교 차원에서 챗GPT라는 툴을 교육 과정에 활용하는 가이드라인이 있나요?

이상호 가이드라인은 아니고 아까 말씀드렸듯이 한국폴리텍대학은 AI 관련 기본교육을 전체 학과에 필수 교과목으로 가르치고 있습니다. 앞으로 'AI+X'라는 취지에 맞게 모든 학과에서 적어도 전공과목 하나에 AI 기술을 적용하는 수업을 의무화할 계획입니다. 이를 위해 교원들에게 방학 기간이나 연구 학기 등을 이용해서 AI에 관련되는 프로그래밍, 컴퓨팅과 관련되는 신기술과 전문적인 기법들을 재교육하고 있는 상황입니다.

사회자 김덕진 소장님은 일반대학에 계시잖아요. 혹시 직업교육이 아닌 일반대학에서 챗GPT나 생성형 AI가 바꾼 흐름 같은 게 있으면 말씀해주실 수 있을까요?

김덕진 학장님께서 더 잘 아실 수도 있는데요. 요즘 대학원생들은 본인이 쓴 논문을 챗GPT에 PDF로 올려놓고, 챗GPT와 논문에 관해 대화합니다. 논문에 있는 주제를 뽑아서, 해당 주제에 관해 챗GPT와 토의하는 거죠. 예전에는 교수님 연구실에서 대학원생들과 서로의 논문을 가지고 리뷰했잖아요. 지금도 그렇게 안 하는 것은 아니지만, 이제 혼자서 논문 리뷰를 할 수 있게 된 겁니다. 그럼 이제 질문이 생기는 거죠. '교수님들의 역할은 무엇인가?' 이런 고민이 지금 대학사회에서 나오고 있는 것 같습니다. 그리고 또 지금의 급속한 기술 발전의 흐름이 IT 분야 논문의 분위기도 바꾸고 있는데요. 대표적인 예로 들 수 있는 게 '아카이브(arxiv)'*라는 논문 사이트의 활성화입니다. 보통 논문을 낼 때는 어느 정도 권위 있는 학술지에 투고하잖아요. 그런데 '아카이브'가 흥미로운 건 누구나 바로 올릴 수 있는 형태의 논문 투고 사이트라는 겁니다. 제가 느끼기에 초창기 위키피디아 같은 분위기인 것 같아요. 보통 학술지에서는 투고된 논문의 심사를 봐야 하니 과정이 길죠. 반면 '아카이브'는 누구나 논문을 올릴 수 있기 때문에 학술의 속도가 훨씬 빠르게 흘러가고 있습니다. 누군가 새로운 것을 발견하면 그것을 리뷰 뒤에 논문을 게재하는 게 아닌, 일단 논문 형태로 바로바로 올리는 거죠. 물론 그만큼 검증되지 않은 정보들도 섞여 있고, 사실 여부와 상관없이 논문 주제가 매력적으로만 보이면 순위에 올라가는 일이 발생하기도 합니다. 다만 개인적으로 이러한 변화를 보며 학술의 정의가 조금씩 바뀌어 가는

* 미국 코넬대학교에서 운영하는 오픈 액세스 아카이빙 사이트이다. 주로 수학, 물리학, 천문학, 전산 과학, 통계학 분야의 출판 전 논문이 올라온다.

게 아닌가 생각이 들어서 흥미롭게 지켜보고 있습니다.

AI 도입을 막는 한국 교육의 구조적 문제들

사회자 지금 우리 교육 현실은 AI를 산업에 받아들이기에 적합한 환경인가요? 학장님이 현장에서 느끼시는 바가 있다면 말씀해주시고, 소장님도 지금의 흐름이 우리의 교육 현실과 어떤 관계를 맺게 될지 말씀해주세요.

이상호 일단 지금 교육에 AI를 도입하는 문제를 이야기하기 전에 한국 교육의 구조적인 문제를 먼저 얘기하고 가야할 것 같아요. 그리고 그러한 '교육의 구조적인 문제가 AI 도입으로 인해 더 악화되고 있느냐, 악화되지 않도록 하려면 어떤 방법이 필요하냐?'가 AI의 도입으로 인한 교육 문제에 가장 핵심인 것 같습니다. 한국 교육에서 구조적으로 가장 큰 문제는 경쟁을 통한 서열화와 융복합에 적합하지 않은 교육을 한다는 데 있습니다. 저는 아무래도 기술 교육 쪽이기 때문에 그쪽 얘기를 하자면, 기계공학과여도 이제 기계만 다룰 줄 알면 되는 게 아니거든요. 거기에 ICT 결합을 하고, 이후에 AI까지 가려면 훨씬 더 고도의 장비와 기술을 다룰 수 있는 교육 프로그램과 함께, 소프트웨어를 운용할 수 있어야 합니다. 문제는 이러한 교육 프로그램과 인프라가 필요한 사람들한테 적정하게 제공되느냐의 문제죠. 특히 저희는 국책특수대학이다 보니 공공기관으로서 취약계층을 포함한 기술 교육이 필요한 사람들에게 베이스에 가까운 AI 기술 교육을 책임지는 방향으로 가고 있습니다. 그보다 높은 수준이나 좀 더 고도의 기술력은 다른 4년제 일반대학이나 아니면 기업에서 비즈니스 모델을 만들어서 가면 되고요. 이런 식으로 신기술에 관해 최소한의 진입 장벽은 없애야 된다고 봅니다. 새로운 기술교육의 기회를 필요한 모든 이에게 제공하고 노동시장의 진입 장벽을 없애는 게 지금 상황에서 중요하고, 그게 지금 저희 한국폴리텍대학과 같은 공공교육기관의 역할이라고 생각해요.

김덕진 저는 지금 생성형 AI가 우리 교육에 주는 시사점은 근원적인 것에 관한 학습의 중요성이라고 생각합니다. 생성형 AI 시대에는 프로세스의 원리를 아는 게 중요합니다. 즉, 기반 기술을 알아야 한다는 거죠. 예를 들어 기계공학이라고 하면 기계가 어떤 식으로 돌아가는지에 대한 것들이겠죠. 그걸 알기 위해 학장님 말처럼 단순 기계공학을 넘어 다양한 영역의 앎이 필요한 거고요. 그런데 이 지점에서 제가 걱정스러운 건 우리나라 교육이 '근원적인 것'에 관해 상당히 약하는 거예요. '응용과학' 같이 '응용'이라는 단어가 붙는 쪽은 강하지만, 기초 학습이나 근원에 관한 공부들이 부족합니다. 비단 대학 교육뿐만 아니라 직업교육도 그렇죠. 최근에 우리가 코딩해야지 취업이 된다니까 코딩을 가르치는 곳이 우후죽순 생겨났잖아요. 예를 들면 '파이썬 3개월 만에 완성' 이런 식으로요. 그런 식으로 코딩을 가르치는 곳들은 대부분 되게 테크니컬적인 걸 가르쳐요. 저희 회사에서도 그렇게 2, 3개월 코딩을 배우고 오신 분들을 실제로 써봤습니다. 그런데 그분들의 특징이 '스택 오버플로우(Stack overflow)'나 '깃허브(GitHub)'* 등의 사이트를 거의 달고 산다는 거예요. 다른 사람이 공유해준 잘 짜인 코드를 쓰는 것 자체가 문제는 아니에요. 잘 돌아가기만 하면 되니까요. 다만 그렇게 2, 3개월 코딩을 배워서 온 사람들은 이제 AI 등을 통해 대체되기 너무 쉬운 인력이라는 겁니다. 챗GPT가 가장 잘하는 게 코드 짜는 거니까요.

사회자 그러면 앞으로 2, 3개월 코딩을 배워서 직업 현장에 들어간 개발자들은 어떻게 될까요?

김덕진 저는 앞으로 직업인으로서 개인이 할 수 있는 프로그래밍의 수준이 두 가지로 갈릴 것 같아요. 첫 번째는 더 기반 기술로 가는 분들이 있겠죠. 이 영역은 원

* 스택 오버플로우는 개발자들이 프로그래밍을 하다가 막힐 때, 프로그램에 대한 질문을 하고 답변을 받는 사이트다. 깃(Git)이란 분산 버전관리 시스템(Distributed Version Control, DVCS)으로 깃을 이용하면 누가 어떤 코드를 수정했는지 기록하고 추적할 수 있다. 즉, 많은 사람들이 함께 소프트웨어를 개발할 때 유용한 것이다. '깃허브'는 이러한 깃을 보다 편하게 이용할 수 있게 만든 호스팅 서비스다.

래 전문적으로 프로그래밍을 하시던 분들이 하실 것 같아요. 두 번째는 지금 2, 3개월 코딩을 배운 수준의 개발자들인데, 저는 챗GPT 같은 AI를 통해 지금의 우리들이 그 개발자들의 수준이 될 수 있다고 생각합니다. 무슨 뜻이냐면 우리들이 챗GPT 같은 생성형 AI 기술을 쓰면 자기 영역에 관한 전문성을 토대로 프로그래밍을 할 수 있을 거라는 거예요. 코딩을 건축으로 비유하면 지금까지는 집을 짓기 위해 최소한 공구리 치는 법이나 벽돌 쌓는 법은 알아야 했잖아요. 그런데 그런 작업들을 이제 챗GPT가 도와줄 거라는 거죠. "내가 이런 형태로 뭔가를 해보고 싶은데 도와줄래?"라고 챗GPT에게 요청하면 아까 말씀드린 2, 3개월 코딩 배우신 분들 정도의 프로그램은 만들어줄 거라는 겁니다. 즉, 프로그래밍을 모른다고 해도 본인이 어떤 특정 분야의 전문가라면 근원적인 설계도까지 만들 순 없지만 보통 수준의 프로그램까진 이제 만들 수 있게 되지 않을까 생각합니다.

모두가 프로그램 개발을 할 수 있는 미래

사회자 사실 지금 우리가 흥미 위주로 챗GPT나 다른 생성형 AI 툴을 이용해보고 있지만, 이게 소장님이 설명하신 정도의 수준으로 개발자가 아닌 다른 영역에 있는 일반인들이 할 수 있을까요? 사실 한국은 특히 문·이과적인 이분법을 굉장히 오랫동안 강요받고 자랐잖아요. 그런 환경에서 '모두가 프로그래밍을 할 수 있는 미래'라는 게 잘 상상이 안 갑니다.

김덕진 가능할 것 같아요. 요즘 미국에서 나오는 말 중에 '툴 트랜스포머' 혹은 '툴 포머'라는 말이 있어요. 이게 뭐냐면 AI가 스스로 여러 가지 프로그래밍 툴을 학습해서 자기가 스스로 움직이고 무언가를 만든다는 거죠. 그걸 잘 보여주는 게 최근에 나온 오토GPT예요. 특히 얘는 에이전트 모델 같은 형태라서 뭔가 명령어를 주면 그 명령어로 자기가 어떤 식으로 풀면 되겠다는 로직을 짜서 그 로직에서 하나씩 실행을 하면서 풀어요. 그러면 문과적 사고를 갖고 있는 사람이 굳이 프로그래밍 언어를 모르더라도 문제만 잘 정리해서 전달해 주면 되는 거예요. 그 뒷단의 실행 영역들은 AI가 해주는 거죠. 그렇기 때문에 오히려 원래 코딩을 하거나 이과적인 상상력을 가지신 분들은 더 깊은 그러니까 원래의 기반 기술에 대한 이해가 필요하지 않을까 생각을 합니다.

이상호 사실 앞으로 기술교육과 직업훈련에서 가장 큰 도전 과제 중 하나가 소장님께서 말씀하신 그런 지점이 아닐까 생각합니다. AI 인터페이스는 급속하게 영역의 경계를 허무는 식으로 갈 건데, 저희가 교육한 공학 계열의 학생들이 산업 현장에서 AI에 대체되지 않는 전문 인재로서 계속 안착해야 하잖아요. 그러려면 하나의 전문적인 기술에서 출발한다고 하더라도 연관 부문으로 다기능화 돼야 되고 다른 직종과도 융복합할 수 있는 능력을 갖춰야 합니다. 문제는 과연 어떤 교육과정을 통해 우리가 이 친구들에게 이러한 능력을 갖출 수 있도록 해줄 것이냐는 거죠. 사실 굉장히 어려운 문제거든요. 그러면 교수님들이 그런 능력과 의지가 있어야 하고, 교육 방식도 바뀌어야 하고, 기존 교과 및 기술교육의 창조적 파괴, 즉 혁신적인 과정을 거쳐야 합니다. 그런데 혁신은 항상 좋은 의도를 가지고 시작되지만 그 과정에서 기존 관행, 조건과 제도 등 여러 가지 장애 요인들에 부딪히게 되죠.

인공지능은 인간의 기획력까지 대체할 것인가?

사회자 이상호 학장님은 독일에서 노동경제학을 전공하셨잖아요. 학장님이 보시기에 독일은 지금 AI 시대 인간 노동의 변화와 관련해 대비하고 있는 것들이 있나요?

이상호 독일은 우리나라나 미국보다는 친노동적이고 인간공학적인 기술 시스템이 많이 발달돼 있습니다. 또 기업 운영에서도 독일의 기업은 이사회가 두 개 있어요. 2층으로 돼 있는데, 1층은 실행이사회고 2층은 감독이사회라고 합니다. 감독이사회의 의결권자 반이 노동자 추천 이사입니다. 그걸 공동결정제도라고 합니다. 그만큼 노동을 수단화하거나 기능적인 수단 정도로 보는 게 아니라, 참여와 헌신을 동원해서 기업의 생산성뿐만 아니라 기업의 성과를 노동자와 경영자를 포함한 모든 이해관계자가 나누어 가져가는 구조로 돼 있거든요. 그런데 그 구조에서 가장 중요한 매개고리 역할을 하는 게 직업교육과 직업훈련입니다. 그러니까 노사가 임금이나 노동 조건에 의해서는 갈등할 수 있지만, 직업교육과 직업훈련의 문제에서는 국가를 지렛대로 삼아 사회적 합의와 같은 방식으로 서로 윈-윈하는 좋은 모델을 만드는 거죠. 이를 통해 독일은 세계에서 노동시간이 제일 짧으면서도, 굉장히 높은 생산성과 효율성, 즉 성과를 내고 있는 겁니다. 제가 알기로는 독일 직장인은 주당 노동시간이 38시간 정도밖에 안 돼요. 우리는 지금 주 52시간 가지고도 이렇게 난리를 치고 있잖아요. 이런 효율적인 노동 시스템을 지닌 독일은 세계적인 거대 기업도 있지만 특히 우리가 주목할 만한 건 바로 히든 챔피언이라고 할 수 있는 강소기업들이 많다는 점이에요. 대략 50인 정도의 사업장인데, 세계에서 1등 제품을 만드는 회사가 독일에 200개 이상 있거든요. 이러한 강소기업의 특성은 바로 고숙련 기술인력이 장기근속을 한다는 점인데, 바로 이러한 높은 수준의 인간 노동력이 고부가가치, 고품질, 고가의 제품을 만드는 기본이 됩니다. 그래서 그런지 독일은 이미 십여 년 전부터 AI의 도입과 적용이 일반적인 디지털 기술변화하고는 질적으로 다르다는 점을 인식하고 노동사회와 직업세계에 대한 위험성을 많이 경고했습니다. 왜냐하면 우리가 보통 제조 혁신이나 ICT 결합을 언급할 때 생산부문의 자동화와 전산화에 의한 고용 충격을 많이 얘기했는데, AI와 메타버스와 같은 디지털 전환으로 인해 생산직과 사무직은 물론, 인간의 구상능력을 대표하는 전문직 직종의 일자리 영역까지 AI에 뺏기는 거 아닌지 걱정하고 있거든요.

사회자 구상이란 건 기획인가요?

이상호 네, 아이디어를 기획하는 걸 말하죠. 독일은 산업화로 인한 테일러주의*의 문제점을 '구상과 실행의 통합'이라는 가장 인간적인 노동 과정을 통해 해결하려고 하거든요. 그러니까 그냥 이분법으로 인간의 노동 활동에서 구상 기능과 실행 기능이 있다고 보면, 구상은 적어도 인간이 가져야 한다고 생각했던 건데 AI의 도입으로 인해 이것마저도 이제 뺏길 수 있다는 거예

* '과학적 관리법'이라고도 불리며 노동자의 움직임, 동선, 작업 범위 따위를 표준화하여 생산 효율성을 높이는 노동 관리 방식을 말한다.

요. 그래서 이러한 도전에 대해 단순한 두려움을 넘어, 어떻게 대처해낼 수 있느냐의 문제를 기존에 가지고 있는 제도적 정책적 도구를 가지고 능동적으로 대응하고 있어요. 아직 결론이 나온 건 아니지만 결국 독일사회가 가지고 있는 원칙, 이해관계자의 참여와 책임, 의사결정에서의 공동 결정이라는 정신을 지금 AI 문제에도 적용하고 있죠. 특히 기업경영은 물론, 직업훈련과 기술교육에서도 노사와 직업교육 기관 그리고 정부 기구 등을 포함한 다자간 사회적 협의모델을 통해서 그런 문제들을 헤쳐나가고 있다고 보면 될 것 같습니다.

사회자 그런데 챗GPT가 이미 어떤 영역에서는 구상 기능을 하고 있잖아요. 예를 들어 '나 이 상품을 팔려고 하는데 좋은 마케팅 기획안 줘' 그런 식으로요. 지금 실제로 챗GPT가 인간이 그동안 했던 기획 역량에 어떻게 적용되고 있나요?

김덕진 제일 크게 적용되고 있는 건 소비자와 직접적으로 연결되는 광고나 상품기획 쪽이죠. 챗GPT는 일종에 거대한 패턴 인식 및 생산 장치입니다. 인터넷에 퍼져 있는 데이터를 토대로 뭔가 패턴을 계속 찾는 장치죠. 그럼 이제 우리가 왜 챗GPT를 보고 놀라느냐? 기존에 있었던 AI는 기본적으로 사람이 만든 수많은 데이터를 토대로 그것들을 쭉 검토한 후에 추천이나 구분 혹은 검색을 해주는 겁니다. 반대로 챗GPT는 추천의 차원을 넘어서 인터넷에 퍼져 있는 데이터들을 토대로 얘가 직접 여러 가지를 만들어주거든요. 패턴을 얘가 직접 생성하는 겁니다. 챗GPT가 마치 브레인스토밍하듯이 계속 아이디어를 쏟아내고, 그걸 보고 사람이 좋은 걸 잡아내는 거죠. 기업의 중간 관리자 이상은 이런 생성형 AI가 나와서 좋을 수 있어요. 실제 업무에서 효율적으로 쓸 방법이 많거든요. 예를 들어 최근에 GS25도 챗GPT API 기반의 카카오톡 AI 챗봇 아숙업(ASKUP)*을 통해 실제로 '레몬스파클 하이볼'이라는 음료를 출시했어요. 중요한 건 음료를 만드는 모든 과정을 AI 챗봇 서비스 아숙업과 함께한 거예요. '어떤 비율로 섞으면 좋을 것 같아? 이름은 어떻게 하면 좋을 것 같아? 케이스 색깔은? 마케팅은 어떤 멘트로 하면 좋을 것 같아?' 이렇게 얘한테 끊임없이 물어보고 안을 받은 거죠. 물론 최종 결정은 사람이 하고 조금 더 수정 보완을 하겠죠. 그렇다면 업무에 어떤 영향을 미치느냐? 팀의 인원이 줄어드는 거죠. 이렇게 하면 5명이 만들던 결과물을 2명이면 만들 수 있으니까요. 그러니까 아이디어나 시장조사를 하는 사람들이 따로 없이 필드 리서치를 챗GPT에게 시키고, 챗GPT가 찾아온 게 진짜인지 아닌지 검증하는 사람과 리더만 있으면 되는 거죠.

* 국내 IT 스타트업 업스테이지가 개발한 챗GPT API 기반의 카카오톡 AI 챗봇이다.

사회자 인간의 기획력이 필요한 영역 중에 상품기획이 아닌 다른 분야에서 챗GPT가 활용된 사례도 있나요?

김덕진 최근에 미국의 레딧(reddit)* 같은 커뮤니티에 이미 수많은 사례가 올라오고 있어요. 콘텐츠 분야 쪽 예시를 하나 들면 게임 그래픽 디자이너인 사람이 레딧에 '회사에서 사장님이 더 이상 마우스를 쓰지 말고 키보드만 치라고 했다'라는 내용의 글을 올린 거예요. 왜냐하면 챗GPT의 프롬프트는 키보드로만 치잖아요. 게임 그래픽이라고 생각을 해보면 게임에 수많은 캐릭터가 나오잖는데, 그중에서 한 번 나왔다가 죽는 캐릭터들도 있어요. 그런 것들도 지금까지는 사람이 일일이 다 만들었는데, 그러면 아무리 빨리 만들어도 하나의 캐릭터를 디자인 작업하는데 2~3일이 걸려요. 그런데 얘는 프롬프트만 치면 쑥 나오는 거죠. 그런 캐릭터를 만들기 위한 프롬프트 타이핑은 일반인들보다 당연히 그래픽 디자이너들이 더 잘 치겠죠. 어떤 요소를 넣으면 될지 아니까요. 그러면서 그 디자이너가 레딧에 본인이 '현타가 온다'라는 글을 적은 거예요. 왜냐하면 본인은 창의성이나 크리에이티브를 갖고 마음껏 표현하고 싶어서 '게임 디자이너'라는 직업을 선택했는데, 직접 그림을 그리고 있는 게 아니니까요.

* 미국의 대형 소셜 커뮤니티 사이트이다. 기본적으로 거대한 커뮤니티 사이트지만 관통하는 주제나 키워드는 없으며, 다양한 주제의 정보와 뉴스 등을 공유하고 의견을 나누는 사이트이다. 레딧이라는 큰 사이트 아래 '서브레딧'이라는 하위 주제들로 이뤄진 갤러리가 있어서, 한국의 디시인사이드와 많이 비교된다.

이상호 본인은 질문만 하고 실제로 만드는 건 AI가 하고 있으니까.

김덕진 네, 그러니까 나는 무슨 역할을 하고 있는지 회의가 든다는 거예요.

이상호 나는 누구인가.

김덕진 그리고 또 한 가지 얘기하는 게 그분이 계속 프롬프트로 이미지를 생산하면서 죄책감이 느껴진다는 겁니다. 왜냐하면 분명 본인이 직접 타이핑한 프롬프트를 통해 나온 이미지인데 누군가의 그림하고 되게 비슷한 것 같다는 거죠. 이게 아직 저작권 문제가 해결되지 않았기 때문에 지금 당장의 문제는 아닌데 '본인이 AI 툴을 쓰면서도 마치 죄를 저지르는 것 같다'라고 말합니다. 그런데 그러면서도 글의 말미에서는 결국 AI의 가성비가 너무 좋으니까 만약 본인이 사장이라면 회사에서 이걸 쓸 수밖에 없었을 것 같다는 얘기를 해요. 이런 식으로 본인의 직무에 현타가 온다라는 글들이 많습니다.

이상호 이 지점이 어떻게 보면 AI의 습격으로 인해 발생하는 심각한 문제죠. AI의 위험성에 대해서 여러 전문가들이 이미 많이 이야기하는데, 노동이나 일자리 같은 경우 흔히 말하는 일자리 축소라든지 고용충격 이런 이야기를 하는 게 있고, 지금 김덕진 소장님이 말씀하신 저작권이나 기술윤리, 인간 정체성의 혼란 이런 것도 AI가 인간의 산업에 들어오면서 발생하는 문제들이죠. 소장님, 제가 하나만 물어볼게요. 그러면 각 영역에서 프롬프트를 전문적으로 할 엔지니어들이 더 확대가 될까요? 그리고 같은 분야라면 프롬프트를 사용할 수 있느냐, 없느냐가 앞으로 결정적인 차이가 되겠네요?

김덕진 그것도 냉정하게 말씀드리면 저는 프롬프트 엔지니어라는 직업이 오래 못 갈 거라고 생각합니다. 길어야 3~4년 정도 갈 거라고 생각해요. 프롬프트를 넣으면 그림을 그려주는 미드저니라는 이미지 생성 AI 툴이 있는데요. 여기에 '묘사(describe)'라는 기능이 생겼습니다. 내가 미드저니에 프롬프트가 아닌 어떤 이미지를 주면 미드저니가 그것을 보고 '이 이미지를 만들려면 이런 프롬프트를 써야 해요'라는 걸 거꾸로 뱉어주는 기능인데요. 결과물을 주면 AI 툴이 반대로 프롬프트 매뉴얼을 제시해주는 수준까지 온 거죠. 그러니 만약 내가 별로 상상력이 없다. 그러면 이제 그냥 기존에 있는 결과물을 갖고 와서 AI 툴에 넣으면 프롬프트가 나오게 되는 겁니다. 즉 어떤 프롬프트를 쳐야 한다는 방법까지 이미 AI가 학습해서 스스로 대답하고 있는 것이죠.

이상호 앞으로 어떻게 해야 돼요? (웃음) 제가 보기엔 심각한데, 정말.

사회자 소장님 말씀 들어보면 일하는 방식이 문제가 아니라, 호모 사피엔스의 사고하는 뇌 구조 자체가 바뀔 것 같아요. 학장님이 걱정한 '기획에 대한 역량을 빼앗길 것이란 우려'가 고민의 영역이 아니라 실제로 진행되고 있는 거죠. 그 적용으로 인해 발생하는 문제가 뭔지도 이미 나타나면서 각자와 집단은 그것을 해결하려고 다시 고민하는 상황인 것 같습니다. 국가나 정부의 고민은 정말 시급하게 서둘러야 할 것 같아요.

이상호 우리나라도 아주 짧은 시간에 AI에 대한 관심도가 높아지면서 이런 위험성과 우려들이 이제 막 분출되고 있거든요. 이러한 확산세가 더 많은 불안과 두려움에 관한 논의 지형으로 갈까 저는 그 부분이 사실 더 걱정돼요. 그렇게 되면 사람들이 편견을 가지게 되거든요. 그럼에도 불구하고 소장님의 말씀을 들어보면 노동과 일자리의 미래에 대해 비관적인 상황 같습니다. 보통 디지털 기술을 얘기하면 다 '자동화'로 연관시켜 얘기합니다. 그런데 AI는 자동화 수준이 아닌 것 같아요. 기업 조직으로 보면 정말 제일 위에 있는 최고경영진하고 가장 하위 직무들, 즉 기계로 대체가 불가능하거나 이해타산이 맞지 않는 허드레 일자리만 남게 될 수도 있는 거죠. 조직도의 중간 부분을 차지하는 직무와 직책은 기술적, 경제적 타당성에 따라 거의 다 대체되거나 인간 노동과 병행될 운명에 처할 것으로 보입니다.

자아실현으로서의 노동,
노동에 관한 우리의 가치관을 바꿔야 한다

사회자 일자리 변화 측면으로 좀 더 여쭤볼게요. 사실 자동화가 사무직으로 확산됐을 때는 우리 업무의 생산성을 높이는 도구가 생겼다는 효율화의 측면이 강했던 것 같아요. 그런데 지금은 그런 차원은 아니라는 거잖아요. 그러면 지금 우리 노동과 일자리가 어떤 식으로 변할지 예측을 한번 해주실 수 있을까요? 그래서 예비 노동자들이 어떤 준비를 하고 이 사회로 나오면 살아남을 수 있고, 그들에게 어떤 교육을 해야 할까요?

이상호 사실 우리가 알고 있는 기술 발전의 역사 속에서 실업률의 변화 추이를 보면 우리가 이야기하는 대공황 시절 아니면 금융위기나 팬데믹 때와 같이 아주 충격적일 때 실업률이 급격하게 높아지지만 길게 바라보면 그렇게 큰 변화는 없거든요. 이 이야기는 뭐냐? 기술 변화의 고용충격을 노동시간 단축으로 상쇄한 효과도 있겠지만, 기술 발전 자체가 바로 일자리의 절대규모를 줄이는 충격을 주는 건 아니었다는 겁니다. 즉 제도와 정책을 조합해서 사회경제적으로 일자리 충격을 완화하는 다양한 장치들을 마련할 수 있었다는 거죠. 그런데 AI의 도입이 일자리에 미치는 효과는 지금까지의 기술 발전 효과와는 상당히 다를 수 있다는 점을 주목해야 해요. 일반적인 업무 프로세스를 대표하는 수집, 분석, 검색, 분류만이 아니라 기획부터 상품 출시 후 소비자 평가까지 AI가 감당하게 된다면 과연 거기서 인간의 노동, 인간의 지식과 기술이 앞으로 주도적인 역할을 할 수 있을까요? 제가 생각하기에 이런 경우 인간은 AI를 갖춘 로봇을 지원하고 보조하는 역할 정도밖에 못할 것 같아요. 과연 우리가 앞으로 이런 변화를 얼마만큼 제대로 소화할 수 있을지 저는 매우 비관적으로 보고 있습니다. 냉정하게 고백하면 기존의 사회기술적 체계를 구성하는 관행, 정책과 제도로는 대응하기 힘들다고 봅니다. 혁신적인 변화 없이 이 AI 충격이 지금의 노동사회와 직업세계에 그대로 적용된다면, 인간 노동은 빠르게 불필요해지고 이는 바로 일자리 감소로 이어질 것 같거든요. 그래서 거기에 어떻게 대처할 것이냐가 향후 가장 큰 쟁점이 될 것 같아요. 그래서 저는 이런 생각이 듭니다. 결국 이런 AI의 충격을 우리가 능동적으로 대처할 수 있는 길은 지금 있는 일자리를 지키려는데 몰두하는 게 아니라, 먼저 노동에 관한 우리의 근본적인 생각을 바꿔야 하는 게 아닐까요? 우리는 일을 소득과 자기 생계에 직접적으로 연동시키잖아요. 그런데 사실 우리 초등학교 때 배웠던 직업과 일의 궁극적 목적은 가치관의 구현이나 자아실현이었습니다. 저는 이제 인간의 노동에 대해 우리 사회가 다르게 정의해야 한다고 봅니다. 즉, 오직 임금을 받기 위한 노동을 넘어 노동을 통해 사회적으로 가치 있는 일을 한 사람들에게 소득을, 그리고 복지로 보상해주는 시스템이 필요한 거죠. 그렇게 함으로써 가능하면 노동의 절대적인 시간을 줄이고 인간만이 할 수 있는 창의적인 활동 시간을 좀 더 많이 확보하는 방식으로 개인적 노동과 사회적 고용의 상충관계를 완화하는 게 필요할 것 같습니다. AI 시대 우리는 먼저 노동에 대한 생각을 전환해야 하지 않을까 싶습니다.

김덕진 학장님 말씀에 동의합니다. 저는 AI가 아무리 발전해도 예술의 정점에는 영원히 못 간다고 생각하고, 여기서 우리 미래 노동에 관해 힌트를 얻을 수 있다고 봅니다. 비슷하게는 갈 수 있겠죠. 아까 말씀드린 게임 그래픽의 엑스트라 NPC 캐릭터를 생성하는 것처럼요. 제가 볼 때 생성형 AI가 그리는 그림은 집에 걸어놓는 모조화 수준일 것 같아요. 오리지널이 아닌 거죠. 생성형 AI가 내놓는 그래픽을 일반인이 보면 신기한데, 그래픽 전문가가 보면 허접하거든요. 이와 관련한 로드맵을 잘 보여주는 회사가 어도비입니다. 최근에 어도비 포토샵에서 생성형 AI 시스템들을 많이 만들었어요. 그런데 어도비가 다른 그래픽 AI 회사들과 다른 게, 다른 회사들은 지금 AI가 기존에 존재하는 것과 비슷한 이미지를 뽑아내면 '이거 우연히 나온 거야. 저작권에 대해서 우리는 잘못 없어'라고 계속 주장하고 있어요. 그런데 어도비는 처음부터 본인들이 쓰는 AI에 저작권 인정된 데이터만 사 와서 그걸로 학습시켰다고 얘기를 해요. 그러면서 만약 생성형 AI로 결과물이 나왔는데, 저작권 이슈가 생겼다? 어도비에서 책임지겠다. 어도비에서 돈 내주겠다는 거거든요. 그러면 기술이 지금보다 조금 더 정점으로 진화하면, 진짜 순수예술 하시는 분들이나 사진 찍으시는 분들은 더 좋은 작품을 만들면 돼요. 그리고 내가 그걸 생성형 AI에 데이터로 주고 그걸 통해서 누군가가 응용을 해서 결과물이 나오면, 원작자에게 그 비용의 일부가 라이센스로 들어오는 거죠. 아시다시피 유튜브 음악이 지금 이미 이런 식으로 하고 있잖아요? 유튜브에서 어떤 음악을 쓰면 AI가 원 저작자에게 저작권료를 알아서 갖다줍니다. 그래서 유튜브에 생긴 재밌는 문화가 플레이리스트 문화예요. '일할 때 듣기 좋은 음악 50곡' 이런 거요. 그 50곡을 모아서 유튜브에 올린 사람에게는 저작권 비용이 하나도 안 와요. 각각 50곡에 관한 저작권자들에게 돈이 가거든요. 그럼 그 영상을 업로드한 사람은 50곡짜리 플레이리스트를 왜 만들었느냐? 그걸 통해서 추가적인 비즈니스를 하는 거죠. 예를 들면 이 50곡이 플레이될 때 나오는 영상 어딘가에 광고를 넣기도 하고, 혹은 50곡 중 일부에 의뢰받은 신곡 등을 넣어서 플레이리스트 자체가 별도의 광고가 되기도 해요. 그런 형태로 진화하게 된다는 거죠. 그래서 저는 저작권에 관한 문제는 기술이 좀 더 발전하면 이런 방식으로 어느 정도 해결이 가능하다고 봅니다. 현재 EU에서 추진하는 법안들도 이런 것을 되게 강요하게끔 요구하거든요. 지금 EU에서는 생성형 AI가 만든 것은 '생성형 AI가 만들었다'라는 표기를 넣자는 법안이 통과될 것 같은데, 그렇게 하려면 역으로 '이거는 생성형 AI로 만든 거다'라는 걸 명확하게 분석할 기술도 만들어야 합니다.* 그런데 이제 그렇게 되면 저작자의 실력이 점점 더 중요해지겠죠. 이미지로 치면 궁극적으로 내가 이 영역에서만큼은 전문가라고 할 수 있는 수준이 된다면, 그 사람은 콘텐츠만 만들고 가만있어도 생성형 AI가 퍼가서 돈이 벌리는 구조가 가능해지는 거죠. 그렇게 하려면 학장님 말씀대로 '어떻게 하면 돈 벌 수 있어?'가 아니라, 내가 진짜 좋아하고, 좋아해서 잘하고 깊게 팔 수 있는 영역이 앞으로 일자리의 영역과도 많이 접목되지 않을까 생각이 듭니다. 자아실현과 노동이 본격적으로 연결되는 거죠.

* 56쪽 참석자 6의 질문에 대한 김덕진 소장의 답변 참고.

사회자 AI 시대 일자리와 노동에 대한 인식 전환이 필요하다는 말씀을 들으니까 두 가지 문제가 떠올랐어요. 하나는 외국도 마찬가지지만 한국은 특히 직업적 귀천이 굉장히 강하잖아요. 의사, 변호사 같은 사짜 직업에 관한 선호는 아직도 있으니까요. 그런데 AI시대에 이런 직업에 대한 가치 평가가 조금 달라질까요? 두 번째는 '기본소득과 로봇세'를 얘기를 좀 해야 할 것 같아요. 과거에는 '일하지 않는 자, 먹지도 말라'라는 구호가 있었잖아요. 그런데 상황이 이렇게 되면 AI 때문에 일을 안 하는 게 아니라, 못 하게 될 수도 있을 것 같아요. 그래서 로봇세나 기본소득에 관한 논의가 이제 좀 더 적극적으로 시도되어야 하지 않을까 생각이 듭니다.

이상호 제가 보기에는 생성형 AI가 한두 단계 업그레이드되면 지금의 의사나 변호사 직업을 가진 사람들의 50% 이상은 아마 대체될 것 같습니다. 예를 들어 지금 의사가 환자에게 제공하는 대부분의 서비스, 즉 판별, 분석, 진단, 처방 이런 건 다 AI가 할 수 있을 것 같아요. 오히려 AI가 아직 못하는 건 감정적 커뮤니케이션이겠죠. 환자를 상담할 수는 있겠지만, 감정적으로 돌봐주고 정서적으로 위로해주는 공감능력은 AI가 대신할 수 없잖아요? 오직 인간만이 할 수 있는 서비스를 의사들이 커버하는 상황이 되면, 제가 보기에는 지금 그들이 누리고 있는 소득 상위 1% 개념이 좀 달라질 것 같아요. 그리고 의사 직업세계 내부에서도 차별화가 생기겠죠. 동일한 의사 명함을 가지고 있지만, 다 똑같은 의사가 아닌 거죠. 그런데 저는 이런 상황에서 사회 양극화도 발생하겠지만, 일정 정도의 기본 생활은 비슷한 수준으로 가야 한다는 사회적 공감대도 확산될 거라고 봅니다. 그러니까 내가 고통스럽게 일한 것에 대한 보상으로 소득을 계산하는 노동이 아니라, 자아실현으로서의 노동에 관한 인식이 확산되면 여기부터 기본소득 논의가 본격화될 수 있다고 생각하거든요. AI가 다른 사람의 일거리를 빼앗는 게 아니라, 내가 AI를 잘 활용해서 변화된 노동시장에서도 즐겁게 일을 한다면, 나 때문에 일을 못 한 사람들한테 결과물의 일부를 나눠줄 수 있는 개념으로 세금도 내는 사회적 공감대 형성이 저는 가능할 것으로 봅니다. 물론 이게 우리가 흔히 말하는 기본소득 모델과 동일한지는 모르겠지만, 최소한 그런 부분들이 일정 정도 보장되는 시스템으로 가야한다는 거죠. 그리고 저는 향후 10년 이내에 한국도 주 45시간까지 노동시간이 줄 거라고 생각하거든요. 유럽 등 선진국의 경험을 봐도 길게 보면 주당 노동시간은 40시간까지는 줄어드는 추세이기 때문에 한국도 노동시간 자체는 줄어들 수밖에 없습니다. 그럴 때 기본소득이 우리의 평균 생활비의 30~40% 정도를 채워주는 방식이나 개인의 사회적 기여와 공헌 활동에 대해 사회가 보상하는 제도가 마련되는 게 굉장히 중요할 것 같아요. 또한 노동시간이 줄어들면서 생기는 고용충격을 일자리를 나누거나 일자리를 공유하는 제도를 더욱 발전시켜 완화할 필요도 있고요. 그래서 최근 저의 가장 큰 관심사는 'AI 시대 노동시간 축소에 따라 생기는 여유시간을 어떻게 활용해야 하는가?'입니다. AI가 발전하면 필요 노동량이 줄어들고 개인 노동시간이 감소하면서 자연스럽게 생산력 상승효과가 나타날 거고 사회적으로 필요한 총생산량은 충분히 달성할 수 있을 겁니다. 그럼 그 나머지 시간에 뭘 할 거냐는 거죠. 잠만 잘 순 없잖아요? 놀면 되지만, 과연 인간이 놀기만 하면서 만족할 수 있을까? 그래서 이걸 생각하는 겁니다. AI처럼 인간도 학습하는 시간을 가지면 어떨까? 지금 제가 이야기하는 학습시간은 이런 겁니다. 사용자는 일하는 시간을 늘리려고 하고 일하는 사람은 쉬는 시간을 늘리려고 하죠. 이런 상황에서 나타날 수밖에 없는 사회적 이해갈등을 조정하고 연계하는 게 교육시간입니다. 노동시간을 단축한 걸 모두 다 자유시간으로 놔두지 말고 그중 반만 교육훈련 시간으로 재배치해도 사회적 생산성은 배가되는 거죠. 이게 바로 교육시간의 효과입니다. 이때의 학습 내용은 다양할 수 있습니다. 직업훈련이 될 수도 있고, 아니면 취미도 되고, 사회 공헌에 관한 것도 학습할 수 있겠죠. 그런데 이런 '학습'에 대해서도 저는 사회적으로 가치가 있고 사회발전에 기여한다면 보상을 해줘야 한다고 봅니다. 거기에 인센티브를 주고, 보상해주는 시스템이 되면, 개인적으로는 편차가 있어도 효율적인 사회적 발전을 위해 굉장한 역할을 할 수 있을 거라고 보거든요. 이러한 시스템이 바로 학습사회가 되는 거죠. 그런데 이런 학습사회의 구축을 통해서 AI로 인해 발생하는 문제들을 최대한 빨리 대응하려고 하면, 먼저 한국사회가 이런 입시경쟁에 함몰되도록 만들면 안 돼요. 어느 대학을 가던지, 내 월급이 좀 적다 하더라도 어느 정도 만족하고 여유시간에 자아발전과 사회적 가치 실현을 위해 공부할 수 있는 시스템으로 가야만 이런 학습사회가 가능합니다. 안 그러면 많은 사람들이 AI의 도입으로 인해 발생하는 실직에 대해 '경쟁에 의해 배제되고 탈락했다'는 상처로 사회적인 불만이 더 커질 거고, 불안감으로 인한 사회적 갈등이 격화될 겁니다. 저는 이런 부분에 대한 고민들이 사회적으로 공론화됐으면 좋겠습니다.

김덕진 그런데 제가 볼 때 의사, 변호사 등의 라이선스 비즈니스 자체는 그래도 계속 갈 것 같아요. 뭐 때문에 가느냐? 책임 소재 때문이죠. 예를 들면 뭔가 문제가 생기거나 시스템에 오류가 발생했을 때, 그 문제에 대해서 책임져야 하는 존재가 필요하기 때문입니다. 대신에 어떤 게 없어지는 거냐? 그 라이선스 비즈니스를 보조하는 사람들이 없어지겠죠.

이상호 즉, 전문직은 남지만, 보조 인력들이 사라진다는 거죠. 변호사라면 변호사 사무실의 보조 인력들이겠고요.

김덕진 그렇죠. 기존에 전문직의 사무실에 있었던 보조 인력들은 일종에 전문직인 사람의 판단 근거를 모아주는 사람들인데, 그 판단 근거를 모아주는 걸 챗GPT가 할 겁니다. 실제 변호사 사무실에서 일반 직원이 찾아온 정보가 틀릴 수 있지만, 변호사가 법원에서 그 직원이 찾아온 틀린 정보를 얘기해서 문제가 생기면 그 변호사 책임이라고 보지 직원 책임이라고 보진 않잖아요. 그런 이유로 책임 소재가 필요한 라이선스 비즈니스는 유지될 겁니다. 그러니까 경제적 계층으로 치면 중간을 담당했던 인력의 자리가 사라지는 거니, 상위층과 기존 중간층의 격차는 자연스럽게 커질 수밖에 없는 거죠. 그런데 이런 부분과 별개로 왜 우리나라는 의사나 변호사라는 직업의 힘이 계속 강할까 생각해보면,

제가 볼 때 수요와 공급의 문제는 아닌 것 같아요. 지금 의사와 변호사 등의 힘이 여전히 강한 것은 결국 그들 이익 집단이 갖고 있는 힘이 깨지지 않기 때문이고, 이게 깨지지 않는 이상 AI 발전과 무관하게 그러한 이익 집단의 힘은 유지될 거라고 생각합니다. 결국 그들이 지금 가지고 있는 권력을 어디까지 끌고 갈 수 있느냐가 관건 중 하나인 거죠. 학장님이 말씀하신 것처럼 이미 AI가 할 수 있는 건 많아요. 그런데 우리가 다 알다시피 코로나 때 잠깐 풀렸던 원격 진료가 코로나가 없어지니 다시 원점으로 가고 있거든요. 그래서 원격 진료가 이제 풀리겠지라고 생각했던 수많은 스타트업들이 또 좌절하고 한국에서 외국으로 나가고 있습니다. 변호사들도 마찬가지죠. 여러 스타트업들이 냉정하게 수요와 공급에 의해서 굶어 죽어가는 변호사들을 살리기 위해서 리걸테크 스타트업 서비스*를 만들었는데, 이게 결국에는 변호사법 이슈가 되면서 '너희 거기 참여하면 변호사에서 탈퇴시킬 거야' 이렇게 되니까 결국 그들의 밥그릇이 유지되고 있는 거거든요. 그래서 저는 지금은 기존의 강한 권력을 가진 집단이 일종에 '눈 가리고 아웅'을 하고 있다고 생각합니다. 그런데 문제는 뭐냐면, 이게 갑자기 깨졌을 때. 예를 들면 그들이 10, 20년 있다가 나이가 들어서 한 번에 다 없어져요. 그럴

* 법률과 기술의 결합으로 새롭게 탄생한 서비스다. 초기에는 법률서비스를 제공하는 기술이나 소프트웨어를 말했으며, 최근에는 새로운 법률 서비스를 제공하는 스타트업과 산업으로 의미가 확장됐다.

때 갑자기 우리나라에 외국에 있는 병원들이 막 들어올 수 있어요. 그렇게 됐을 때 기술적 격차는 그때는 따라가기 어렵다는 거예요. 우리가 지금 AI가 본격적으로 인간의 일자리를 대체할 때의 상황을 걱정하고 있지만, 바뀌지 않으면 바뀌지 않는 대로 나중에 문제가 생길 수 있는 거죠.

사회자 실리콘밸리에선 로봇세나 기본소득 관련해서는 얘기가 안 나오나요?

김덕진 기본소득에 관한 얘기를 하면, 재미있는 게 오픈AI를 설립한 샘 알트먼이 원래 기본소득을 엄청나게 옹호하는 사람입니다. 샘 알트먼이 이번에 챗GPT 때문에 유명해지기 전에도 2021년도에 이미 '모든 것을 위한 무어의 법칙'이라는 글을 썼습니다. 무어의 법칙이 뭐냐면, 반도체 쪽에서 쓰는 말인데 '1년마다 반도체의 성능이 2배씩 증가한다'라는 겁니다. 샘 알트먼이 이 얘기를 여기에 왜 썼냐면, AI 기술이 정말 무어의 법칙처럼 너무 빨리 올라간다는 거예요. 그러면서 학장님 말씀처럼 AI의 기술이 계속 발전해 직장 내 충분히 강력한 AI가 입사하면 결국 노동의 비용이 정말로 제로가 될 거고, 일자리가 없어 잉여로 있는 사람이 늘어날 거라는 얘기를 합니다. 그렇게 되면 당연히 잉여 자본이 발생하고, 결국에는 정말 돈이 넘쳐나는 국가급 이상의

AI 기업이 무조건 나올 거라는 거죠. 그러면서 샘 알트먼은 이제 세금을 이 잉여 자본에 부여해야 한다고 주장을 해요. 그다음에 꽤 구체적으로 잉여 자본의 2.5%를 주식으로 내놔서 펀드를 구성하고, 그 주식과 배당금을 통해 매년 전 세계 18세 이상 사람들에게 1,500만 원씩을 기본소득으로 지급해야 한다는 본인의 구상을 아주 디테일하게 얘기합니다. 그런데 왜 1,500만 원이냐? 작게 느껴질 수도 있지만, 샘 알트먼은 그때쯤 되면 정말 노동력이 필요 없어지기 때문에 모든 물건이 저렴해질거라고 생각했어요.

사회자 그게 몇 년도에 올린 글이라고 하셨죠?

김덕진 2021년도입니다. 샘 알트먼을 우리는 챗GPT를 만든 오픈AI의 대표로만 알고 있지만 원래 이 사람이 와이 콤비네이터라는 전 세계에서 가장 큰 스타트업 엑설레이터 대표였어요. 폴 그레이엄이란 사람이 이 사람에게 젊은 나이에 물려준 건데, 샘 알트먼이 회사를 물려받고 나서 회사의 투자 포트폴리오가 많이 바뀌었습니다. 그전에 폴 그레이엄이 할 때는 O2O* 등 서비스형 모델에 투자를 많이 했어요. 그런데 샘 알트먼은 혁신 기술 그러니까 핵연료나 로봇, AI 이런 쪽에 투자했고 그래서 그 투자를 하다가 본인이 직접 해야겠다고 생각해서 나와서 차린 게 오픈AI거든요.

* O2O 서비스란 온라인을 통해 소비자를 모아 오프라인에서 상거래를 유발하는 것을 뜻한다. 대표적인 서비스로 승객 운송 분야의 O2O 서비스로 잘 알려진 '우버(Uber)'가 있다.

사회자 기본소득에 관한 그런 생각을 최근까지도 이어가고 있나요?

김덕진 이 생각을 구체화하는 프로젝트를 이번에 하나 했습니다. 이번에 우리나라에 왔을 때 우리는 챗GPT에만 관심이 많았잖아요. 그런데 이 사람이 3일 동안 한국에 왔는데, 마지막 날의 일정이 뭐였냐면 블록체인 관련 행사 참석이었어요. '월드코인 밋업 서울'이라는 행사였는데, '월드코인'이라고 본인이 또 공동 창업한 회사가 있어요. 제가 '월드코인'을 좋아하거나 그런 건 아닙니다. 샘 알트먼이 생각하는 게 현실이 될지도 사실 모르겠어요. 그런데 이 사람 생각하는 로직이 참 일관적이라고는 느껴지는 게, '월드코인'이란 게 쉽게 말하면 홍채를 인식한 사람들한테 코인을 주는 거예요. 왜 홍채를 인식하느냐? 샘 알트먼 본인이 생성형 AI의 끝을 보니, 결국에는 어떤 게 사람인지 AI인지 구분이 안 될 거라는 얘기를 합니다.

이상호 구분할 게 홍채밖에 없을 거라는 거죠?

김덕진 네, 유일한 구분 방법이 홍채라는 거죠. 그래서 우리가 주민등록증이 있듯이 전 세계 모든 사람들의 ID를 근원할 수 있는 게 홍채고, 홍채를 인식하면 우리가 월드코인을 줄 거다. 그러면 월드코인을 가지고 부를 분배할 거라는 그림을 그리고 있는 거죠. 그런 식으로 기본소득이 이뤄질 거라는 게 지금 세계의 판도를 흔들고 있는 샘 알트먼의 생각입니다.

사회자 뭔가 우아하게 하려다 결국 비즈니스 하겠다는 느낌이 좀 드네요.

김덕진, 이상호 (웃음)

사회자 한 가지만 더 여쭤볼게요. 아까 학장님께서는 의사가 상담하는 것만 남을 거라고 하셨지만, 저는 거꾸로 코로나 이후에 비대면에 너무 익숙한 청소년들이 많다고 생각하거든요. 그리고 그들은 누군가 얼굴을 보고 상담하는 걸 굉장히 불편해하는 거예요. 그러니까 상담이란 걸 굳이 사람이 한다는 것도 지금 우리 세대가 가진 옛날식 사고방식일 수도 있다는 거죠. 그래서 노동의 가치가 정말 전면적으로 바뀔 수도 있겠다는 생각이 들어요.

이상호 물론 AI로 인한 충격은 모든 영역에서 다 나타날 거지만, 일반적으로 생각하는 것과 달리 생산직 육체노동자보다는 전문직과 서비스 직종에서 더 크겠죠. 제가 말씀드린 부분은 지금 기술 정도 수준에서는 이런 예상을 해볼 수 있다는 차원이라고 생각해주시면 될 것 같아요. 나중에는 어떻게 될지 모르지만 감성 부분이나 창의력 부분에서 그나마 인간이 AI에 비해 우수하거나 차별성을 찾을 수 있다는 거죠. 직업세계의 변화 양상을 보면 그래도 그 부분은 남지 않겠나 생각하거든요. 그런데 한 가지 더 고려해야 하는 게, AI가 들어와서 기존 시스템이 정말 대부분 자동화된다고 하더라도, 그게 모든 영역에서 그렇게 쉽게 다 되지는 않을 걸로 보여요. 기술적으로는 다 가능하게 보이지만, 결국은 채산성과 경제적인 비용 편익 등을 이유로 인간 노동력을 그대로 쓰는 게 더 이익이 된다면 여전히 쓸 겁니다. 제가 위험하다고 생각하는 게 이 지점입니다. 직업별 소득피라미드를 그려보면 상층부는 여전히 존재하지만 그 비중은 굉장히 줄어들 거고, 기존의 항아리 모양을 하고 있던 중간 숙련노동자, 전문직과 서비스계층은 빠르게 감소하면서 이들이 저숙련 소득 하층으로 포함되는 양상이 나타날 거예요. 즉, AI는 물론, 기계로 대체할 가치도 없는 단순노동과 허드렛일을 결국 우리 인간들이 하게 될 가능성이 높다고 보거든요. 이렇게 되면 일자리의 좋고 나쁨을 판단하는 기준을 임금수준으로 볼 게 아니라, 일에 대한 우리의 평가 기준에 경제적 효율성만큼 사회적 기여도 등을 포함해야 하는 겁니다. 그리고 이러한 사회적 지표를 노동력의 가치판단이나 일자리의 유효성 등을 판단할 때 적용해야 하는 거죠. 그렇게 하면 제가 볼 때 AI 도입으로 인해 촉발될 것으로 보이는 기본소득 도입 논의 과정에서 훨씬 설득력 있게 작용할 겁니다. 그런데 지금처럼 자기 노동력을 투입하고 그 성과에 따라 차별적으로 보상을 받는 시스템에선 투입 노동에 대한 고려가 없는 기본소득 논의는 인식적으로 불가능할 겁니다. 좋게 보면 '자선행위'라고 생각할 거고, 나쁘게 보면 '내 것을 빼앗긴다'라고 생각할 거거든요. 그래서 일자리와 노동에 대한 인식 변화가 이루어지지 않은 상태에서 기본소득을 도입해야 한다는 담론은 지금 노동사회의 상태에서 진전되기는 어렵지 않나 싶어요.

AI 시대, 기업에 관해 국가는 무엇을 어떻게 해야 할까?

사회자 듣다 보니까 강력한 성능의 AI가 실제로 실무에 들어오고, 이게 커다란 흐름으로 나타나는 순간 19세기 기계 파괴 운동(러다이트 운동)이 다시 벌어지지 않겠냐는 생각이 드는데요.* 그런데 우리가 노동, 일자리를 얘기할 때는 사실 정부의 역할을 또 뺄 수가 없어요. 물론 고용의 책임은 민간에게 있는 거지 정부가 공공기관 쪽 빼고야 일자리 창출의 주체는 아닙니다. 그렇지만 한 나라를 운영하는 데 있어서 일자리는 굉장히 중요하죠. 그렇게 볼 때 이런 흐름에 대해 정부는 어떤 대처를 하고 있나요? 단순히 기술이 갖고 올 위험에 대한 것 말고, 아까 얘기한 노동에 대한 근원적인 인식 변화

* 지금 미국의 할리우드에선 AI의 일자리 잠식과 윤리 논란으로 63년 만에 작가와 배우 노조가 첫 동반파업을 벌이고 있으며, 맷 데이먼, 메릴 스트립, 마고 로비 등 배우 300명이 참여했다.

를 위한 움직임과 실제 일자리 수급과 변화에 대한 예측도 필요할 것 같은데요.

이상호 정부도 변화는 인식하고 있는 것 같아요. 얼마 전 그러니까 지난 4월 14일 과학기술정보통신부가 '초거대 AI 경쟁력 강화방안'을 발표했는데요. 여기에 보면, 민간의 초거대 AI 개발과 고도화를 지원하기 위한 기술 및 산업 인프라 구축, 초거대 AI 산업혁신 생태계 조성을 위한 5대 플래그십 프로젝트 추진, 범국가 차원의 AI 규제혁신을 위한 제도 및 문화 정착 등이 포함되어 있어요. 그럴듯하게 보이는데 늘 그러하듯 관련 전문인력 양성방안으로 2027년까지 석박사 과정 6만 5천 명, 재직자 등 비정규 교육과정으로 13만 2천 명을 양성하겠다고 해요. 그런데 제가 이런 정부 발표문을 볼 때마다 느끼는 거는 몇만 명 양성, 몇천 개 기업 지원, 몇 조 원 지원을 너무 쉽게 이야기한다는 거예요. 제가 보기에는 이 정도 국가전략 프로젝트는 액수의 문제가 아니라 5개년 계획, 10개년 계획 정도로 준비해야 합니다. 초기에 어떤 부분에 어느 정도 자금을 투입하고 중간 단계에서 뭘 검증해서, 거기서 제대로 되고 있는 것에 대해서는 '추가로 얼마나 더 지원할 것이다'라는 게 보여야 합니다. 그런데 정부의 대처는 그런 면에서 보면 매우 큰 문제가 있습니다. 이런 문제가 생기는 이유는 어떻게 보면 뻔합니다. 왜냐하면 정부가 관련 일자리 지표를 집계할 때 개별 기업에 '당신들 몇 명을 채용할 거냐?' 일일이 다 물어볼 수 있는 게 아니잖아요. 그래서 직업별 인력 수요라든지 개별 기업이 관련 인력을 어느 정도 채용할 것인지에 대해 사실 다른 선진국 같으면 대부분 협회나 그 직종이나 업계를 대표하는 단체를 통해 계속 모니터링하고 모니터링한 데이터를 가지고 정책적 지원, 정책에 대한 설계를 하거든요. 그런데 우리는 전혀 다른 상황에 놓여 있어요. 협회가 일종의 로비 집단이지, 그쪽 업계의 어떤 표준규범이라든지, 아니면 기술범용화, 교육매뉴얼과 같은 사업이나 프로그램을 제대로 운영하지 않고 있어요. 자기들한테 문제되는 게 사회적으로 이슈화되면 언론사를 로비하거나 아니면 정부의 지원금 받기에 바쁘고요. 사실은 산학연 협력사업을 통해 회원사들에게 서비스를 제공하거나 특정 이슈에 대해 회원사의 요구를 모으고 그들의 이해관계를 잘 파악해서 종합적인 차원에서 정부하고 협상하거나 지원 정책을 요청하는 게 기본 임무인데 말이죠. 우린 그게 안 돼 있죠.

사회자 경제개발 5개년 계획 이런 것들이 노무현 정부 들어오기 전에 끝났잖아요. 지금은 정부가 무슨 경제를 개발해? 이런 인식이 있는 것 같아요. 그런데 지금 독일의 사례를 들었을 때 소위 인더스트리 4.0*에 대응하는 국가 차원의 전략 수립이 한국도 있었던 것 같긴 한데요.

이상호 대통령 직속위원회 이런 개념은 있었죠.

사회자 그런데 앞으로 실제 국민들에게 오게 될 수밖에 없는 이 변화를 대비한 노동과 일자리 정책에 대한 장기 전략은 필요할 것 같습니다.

이상호 그렇죠. 필요하다는 건 다 알죠. 그런데 '왜 안 됐냐?'를 보면 가장 큰 문제 중의 하나가 바로 기본 백데이터들이 부족하다는 거죠. 정부마다 나왔던 전략 보고서들이 있거든요. 그런 것들을 정권교체와 무관하게 다음 정부에서도 제대로 검토하고 거기에 대해서 리뷰하면서 장기적인 대응 전략을 짜야 하는데, 그런 게 안 되는 거예요.

사회자 그러면 이런 변화에서 일자리 측면에서 기존 경제 선진국들의 국가 차원의 노력이나 준비는 어떻게 이루어지고 있나요?

김덕진 그 얘기를 하기 전에 먼저 생각해 볼 게, 그럼 '국가적인 차원의 이야기를 우리가 왜 해야 하는가?'입니다. 바로 눈에 보이는 이유는 우리가 경쟁해야 하는 기업이 한 국가 급 이상의 자본을 가진 곳들이기 때문입니다. 애플의 시총이 우리나라 예산의 몇 배를 뛰어

* 제조업의 경쟁력 강화를 위해 독일 정부가 추진하고 있는 제조업 성장 전략. 인더스트리 4.0은 제조업의 완전한 자동생산체계 구축, 생산 과정의 최적화가 이뤄지는 4차 산업혁명을 골자로 하고 있다. 즉, 제조업과 같은 전통 사업에 IT시스템을 결합해 지능형 공장(smart factory)으로 진화하자는 내용이다.

넘잖아요. 실제로 지금 애플의 시가총액이 '3조 달러 간다' 이런 얘기가 나오는데, 이미 2조 달러였던 몇 년 전에도 우리나라 1년 예산의 4배가 넘었어요.* 만약 3조 달러까지 가면 우리나라의 몇 년 치 예산이죠. 이미 AI는 냉정하게 말하면 돈 싸움이에요. 그러니까 결국 지금 AI 업계에서 전 세계를 대상으로 싸우려면 한 국가가 한 기업을 밀어줘도 될까 말까인 게 현실입니다. 그래서 타임지에서는 'AI 군비 경쟁(Arms race)'이라는 표현을 썼죠. 그리고 지금 미국의 투자자들은 '눈먼 돈을 던진다'라는 표현이 나올 정도로 AI 기업이면 일단 투자를 합니다. 왜냐하면 1,000개 중에 999개가 망해도 1개 성공하면 그게 1,000개 이상을 다 먹여 살리고도 남는 구조를 봤기 때문이에요. 그럼 우리가 세계와 경쟁할 수 있는 IT 기업을 만들기 위해 한두 개의 기업에 강력하게 드라이브를 하는 것을 정부 정책으로 하면 어떻게 될까요? 사람들이 반발을 하겠죠. 그래서 결국 앞서 학장님 말씀처럼 자꾸 정량적 지표로 보게 되는 거예요. 이미 미국에서는 한 사람만 잘 키워도 그게 실제로 수천 명을 먹여 살리는데, "AI 관련 취업자 몇만 명 만들기" 이런 게 과연 실제로 산업에 도움이 될까 의문이 드는 거죠. 실제로 수천억, 수조의 예산이 나와도 그게 각각의 기업에 실물로 떨어지면 천 개로 쪼개집니다. 그

* 2023년 기준 대한민국 1년 국가예산은 638.7조 규모이고, 애플은 2023년 7월 기준 사상 처음으로 시총 3조 달러(한화 3천 952조원)를 돌파하며, 3조 달러 클럽에 들어섰다. 이는 한국 GDP의 1.7배이며, 전 세계 GDP 7위에 해당하는 프랑스도 넘어서는 규모다.

럼 그걸 실제로 IT기업들이 어떻게 받아들일까요? 죄송스러운 얘기지만 '1, 2억 원짜리 지원금이네?' 이상으로 생각할 수가 없는 거죠. 새로운 사업을 시작할 수 있는 금액이 아니거든요. 기업 입장에선 이거를 소진했다고 해서 큰 책임을 느끼지 않아도 돼요. 그렇기 때문에 오히려 지금의 생성형 AI 시장에서는 진짜 욕을 먹더라도 정말로 성장할 수 있는 기업을 제대로 밀어줘서 그 기업이 움직이고 그러한 것들을 다 같이 동조해줄 수 있는 문화까지 되지 않는 이상, 냉정하게 말하면 기존 빅테크들을 우리나라에서 이기는 기업을 만들기는 힘들다고 생각합니다.

이상호 저도 김덕진 소장님이 말씀하신 지적 사항에 동의해요. AI 관련 사업은 아니지만, 지난 문재인 정부 때나 지금 정부나 진행되고 있는 스마트 팩토리 사업을 딱 보면 알아요. 3만 개 기업 지원해준다는데 떨어지는 돈은 한 개 기업당 1억도 안 돼요. 그 돈만 가지고 스마트 팩토리를 어떻게 해요? 말이 안 됩니다. 소프트웨어 하나 사면 끝나요.

사회자 그런데 앞서 AI 군비경쟁이라고 하셨는데, 지금 미국 외에 이 군비경쟁에 참전하고 있는 국가가 있을까요? 그리고 중국은 어떤 움직임인가요?

김덕진 미국 내에서 이뤄지는 경쟁이 대부분이기는 하죠. 전 세계적으로 봐도 AI에 관해선 미국이 워낙 압도하고 있으니까요. EU가 계속 규제에 관한 이야기를 하는 이유에 그런 맥락도 포함되어 있다고 보면 될 것 같고요. 중국 같은 경우에는 생성형 AI에 대해서 처음에는 앱이 쏟아졌었는데요. 생성형 AI는 기존 AI와 다르게 의외성이 있잖아요. 기존에 있었던 AI는 자기가 답을 생성하는 게 아닌 중국이 입력한 답을 내는데, 생성형 AI 앱들이 내는 게 중국 정부의 정책하고 맞지 않는 답들이 나왔던 거예요. 아시겠지만 천안문 사태 등이 중국에서는 검색이 안 됩니다. 그런데 생성형 AI는 그렇게 하는 게 아니라 인터넷에 퍼진 데이터를 토대로 답을 내는데 그 답이 자꾸 중국에서 원하는 정책이나 내용과 다르다 보니까 그거를 다 내리고 막았었어요. 이제 다시 튜닝된 것들이 조금씩 나오고 있긴 합니다. 중국은 아마 별도의 시장 개념으로 생산이 갈 것 같아요.

사회자 만약 한국이 국가 차원의 노력을 한다면 가능성이 있을까요?

김덕진 그럼에도 불구하고 저는 우리나라에 기회가 있다고 생각하는 게 이런 LLM 기술을 가지고 있는 나라가 전 세계적으로 5, 6개 정도밖에 없어요. 미국, 중국, 이스라엘, 영국 그리고 한국입니다. 독일도 약간 있는 걸로는 알고 있고요. 하여튼 여섯 개가 안 넘고, 그중에 상용화 서비스를 출시한 나라는 미국, 한국, 중국뿐입니다. 즉, 한국은 생성형 AI 기술에 있어서는 전 세계 3위 이내에 드는 국가입니다. 그렇기 때문에 만약 한국이 국가 차원에서 생성형 AI 기업을 만들기 위해 투자한다면 저는 가능성이 있다고 생각해요. 아울러 지금 모든 기업과 전 세계가 격전지로 주목하는 게 우리와 가까운 일본입니다. 일본은 IT 관련 인프라가 너무 빨리 세팅되는 바람에 그다음 발전을 못 하고 있어서 지금 한 번에 패러다임 전환이 필요하다고 판단하고 있어요. 중국이 스마트폰이 나오면서 앞선 발전 과정을 생략하고 갑자기 IT 기술의 발전이 이뤄진 것처럼요. 지금 일본은 아직 대형 언어모델을 만들기 위한 자기들만의 기반 기술이 없어요. 그러다 보니까 샘 알트먼이 우리나라에 오기 두 달 전에 일본의 기시다 총리를 따로 만나 일본에 이제 연구소를 세우겠다고 얘기했어요, 한국도 네이버가 라인이라는 자회사가 있고, 네이버의 하이퍼클로바X도 일본어 버전을 만들면서 공격적으로 일본 시장에 들어가려고 하고 있습니다. 국내 스타트업들도 지금 다음 시장을 일본으로 보고 있고요. 그래서 일본에서 실제로 전 세계 빅테크 기업들의 경쟁이 어떻게 될지도 지켜볼 포인트가 아닐까 생각이 듭니다.

사회자 마지막으로 이 시대를 어떻게 바라보시는지 그리고 앞으로 어떤 관점이 필요할지 두 분 말씀 들으면서 대담을 마무리하겠습니다.

이상호 우리가 오늘 이야기한 AI의 도입이나 적용에 의해 현재 우리에게 큰 변화가 일어나고 있고, 앞으로 더 큰 변화가 있을 겁니다. 특히 직업세계, 노동사회, 일자리는 제가 보기에는 그 변화의 충격이 대단할 것 같고, 아마 그 충격에 의해서 사회적인 혼란도 있을 거라고 생각합니다. 다만 기술 변화가 인간에게 영향을 미칠 때, 여러 단계를 거치는데 그 단계 중에서 제도나 정책을 통해 충격을 완화하고 흡수할 수 있는 시기가 있어요. 그리고 그런 장치 역시 인간이 만드는 거잖아요. 그래서 저는 그 제도와 정책이 굉장히 긍정적인 역할을 할 수 있도록 만드는 게 또 인간만이 가지고 있는 고유한 능력이라고 생각하고 있습니다. 그래서 그런 제도와 정책을 활용하여 지금 AI가 우리 인류에게 제시하고 있는 여러 가지 도전 과제들에 대응해야 할 것 같고요. 그 중에서도 노동이나 일자리 변화의 충격을 완충할 수 있는 게 저는 교육이라고 생각합니다. 그래서 한국의 교육 제도나 체계는 근본적으로 재구축돼야 될 것 같고,

리모델링되는 과정에서 가장 중요한 부분은 개념적 지식 그리고 창의성을 발휘할 수 있는 교육제도를 만들어야 한다고 봅니다. 결론적으로 일자리나 교육 관련 제도나 정책들을 가능한 한 빨리 재구성하는 사회적 협의 과정을 거치게 되면 노동사회의 미래가 그렇게 어둡지만은 않다고 생각합니다.

김덕진 앞으로 AI 시대에 대비하기 위해 저는 '최근의 인도 교육은 우리가 좀 참고해야 되지 않을까?'라는 생각이 들어요. 무엇보다 지금 실리콘밸리의 굵직한 기업들의 CEO는 대부분 인도계잖아요.* 인도 대학의 학생들을 다룬 KBS의 〈인도 천재〉라는 다큐멘터리가 있어요. 다큐에서 제가 굉장히 인상 깊었던 장면이 있었는데, 교수들이 학생들에게 답변을 요구하는 게 아니라 자꾸 질문을 시키는 거예요. 애들이 질문을 안 하고 있으면 수업이 안 끝나요. '너희가 질문을 해야 수업이 끝난다' 그러면서 '질문해봐, 질문해봐' 계속 그러거든요. 저는 질문하는 능력이 선천적인 게 아니라 훈련될 수 있다는 걸 그 영상을 보며 느꼈어요. 결국 오늘날 교육이 해야 될 역할은 학생들에게 질문하는 능력을 가르치는 게 아닐까 생각이 듭니다. 아울러 미래를 준비하는 분들에게는 일단 '고민하지 말고 실행해라'라는 말을 하고 싶어요. 저는 지금 그게 제일 중요하다고 생각해요.

* 구글-순다르 피차이, IBM-아르빈드 크리슈나, MS-사티아 나델라, 트위터-파라그 아그라왈.

요새 국내에서도 10대 창업가들이 많이 나오고 있는데, 그분들의 인터뷰를 보면 대부분 대답이 '해보니까 되던데요'입니다. 예전에는 해볼 게 없었는데 지금 해볼 게 너무 많아요. 우리는 걱정과 고민이 앞서 실행을 안 하는데, 이 친구들은 그냥 해본 거예요. '해봤더니 되던데요'라는 거죠. AI 시대에는 누구든지 하루라도 빨리하면 그 하루가 진짜로 그 사람의 100일 혹은 길게는 1, 2년을 보장해 줄 수 있는 시대라고 볼 수 있습니다. 그래서 먼저 고민하지 말고 시도했으면 좋겠어요. 이스라엘의 교육을 보면 교수들이 그런 얘기를 많이 한다고 해요. '정답이 아니라 다른 대답을 해라' 우리는 항상 답안지를 외우는 교육을 하잖아요. 그런데 그게 아니라 근원적인 나의 생각이 달라지려면 다른 사람과 다른 대답을 해야 하는 거죠. 우리가 그렇게도 좋아하는 스티브 잡스하면 떠오르는 게 딱 그 한 줄이잖아요. "Think different" 다른 생각을 했던 사람들이 있었기 때문에 많은 사람의 도움 없이도 무언가를 할 수 있는 시대가 된 거죠. 그래서 다른 생각을 갖고 빨리 시도하시는 게 좋다. 이런 얘기로 마무리하고 싶습니다.

AI와 IT 개발의 미래

김덕진, 류덕민

챗GPT로 인해 등장한 신직업과 비즈니스는 지속될 수 있을까?

김덕진

챗GPT는 우리 비즈니스와 국내 IT 기업들에 실제로 어떤 영향을 미치고 있을까? 최근 필자가 출연한 KBS 뉴스의 영상 하나가 유튜브 메인에 걸렸다. 보통 뉴스 조회수가 잘 나와봤자 몇만 정도인데, 30만 뷰에 댓글도 900개가 달려서 깜짝 놀랐다. 〈AI 침공 시작됐나?〉라는 제목의 영상이었고, 미국에서 직원들의 해고 사유에 AI가 처음으로 등장했다는 내용이었다. 5월 미국 감원 보고서에서 최초로 해고 사유에 AI를 통계로 잡기 시작한 것이다. 비율은 전체 해고 사유 중의 5% 정도로 3,900명 정도가 해고됐다. 아직 비율은 그다지 높지 않지만, 사람들은 이제 AI가 자신의 일자리에 미칠 영향에 대해 본격적으로 고민하기 시작했다. 세계경제포럼에선 향후 2027년까지 사무, 비서, 회계직 등 일자리 8,300만 개가 없어질 것이란 예측을 내놓기도 했다.

지난 5월부터 미국에선 대본 제작에 본격적으로 AI를 도입한 넷플릭스에 반발해 2007년 이후 15년 만에 작가조합이 파업을 시작했다. 넷플릭스는 현재 대본 초안을 만드는 데 프롬프트 엔지니어들과 협업을 하고 있는데, 가령 'SF 드라마를 만들고 싶다'라고 하면 프롬프트에 해당 내용을 기입할 경우 기본적인 내용과 캐릭터가 템플릿처럼 뽑히게 하는 방식이다. 작가들이 파업하는 이유는 크게 두 가지인데, 첫째로 넷플릭스를 포함한 제작사들이 이렇게 초안으로 작성된 대본을 작가들에게 수정, 보완하는 작업을 맡기는 과정에서 보수가 지나치게 낮다는 것이고, 둘째로 AI 훈련에 기존 대본이 사용돼 저작권이 침해될 수 있다는 점이다.

실제로 전 세계적으로 이미 프롬프트 엔지니어 채용 전문 사이트가 등장했다. 그만큼 프롬프트 엔지니어라고 하는 영역은 지금 가장 떠오르는 신직업인 것이다. 막내 작가 20명이 며칠 동안 고민해야 하는 것들을 프롬프트 하나 만들면 하루 안에 해결할 수 있다. 넷플릭스와 협업하고 있는 업체는 그런 대본 한 건 당 500만 원을 받고 있다. 500만 원을 투자하면 20명 어치의 인건비를 줄일 수 있는 것이니, 비즈니스적으로 보면 거절하기 힘든 선택이다. 그런데 여기서 한 가지 생각해 볼 것이 있다. 그럼 이런 프롬프트 엔지니어 같은 신직업은 영원할까? 왜냐하면 이미 오토매틱 프롬프트 엔지니어와 관련된 논문들이 나오고 있기 때문이다. 그러니까 이 프롬프트라고 하는 것도 어느 시점에선 챗GPT나 구글의 바드에 '이런 프롬프트를 만들어줘'라고 명령어를 넣으면 만들어주는 자동화가 될 수 있는 것이다.

챗GPT로 인해 새롭게 등장한 IT 산업에서의 파운데이션 모델

전 세계의 산업 전반과 일자리가 재편될 조짐이 보인다. 이런 관점에서 우리가 또 생각해볼 것은 개인이 아닌 IT 비즈니스를 하는 기존 기업과 스타트업들은 이 변화를 어떻게 맞이하고 있고, 앞으로 어떤 관점을 가져야 할지에 관한 것이다. 보통 생성형 AI를 이야기할 때 우리가 꼭 짚고 넘어가야 하는 부분이 '파운데이션 모델(Foundation models)'이라고 하는 개념이다. 예전에는 글을 쓰는 AI를 위해서는 글을 쓰는 용도의 별도의 데이터를 만들어서 그걸로 별도로 학습시킨 후 실행시켰다. 그림 그리는 AI를 만들려고 해도 별도의 데이터를 만들고 학습해서 실행시켜야 했다. 그러다 보니 글을 쓰는 AI와 그림을 그리는 AI를 통합적으로 만들기는 어려웠는데, 이 파운데이션 모델이라는 개념은 쉽게 말해 완벽한 데이터를 끝까지 만드는 게 아니라 공통적인 하나의 중간 모델을 만든 것이다. 그래서 여기에 텍스트도 넣고, 이미지도 넣고, 다양한 매체의 콘텐츠를 모두 넣어 트레이닝시킨 다음 각자 본인들이 하려는 비즈니스 방식대로 튜닝시키는 것이다. 이럴 경우 최대 장점은 초기 데이터를 직접 만들지 않아도 되니 개발이 더 효율적으로 진행된다는 점이다. 아울러 텍스트와 이미지는 우리가 볼 때는 다른 형태의 데이터지만 AI나 컴퓨터의 측면에서 보면 행렬의 형태로 변환되어 입력된다는 점에서 차이가 없다. 결국 모든 데이터가 행렬 형태로 들어가고 거기서 우리의 니즈에 맞춰 뽑는 방식이니, 우리가 지금 생성형 AI 프로그램들을 이용하는 것처럼 텍스트를 입력하면 이미지가 나오기도 하고, 동영상이 나오기도 하는 이런 구조가 만들어질 수 있었던 것이다. 물론 이런 파운데이션 모델에 입력된 데이터의 양이 작으면 잘 작동되기 힘들다. 그러나 우리가 잘 아는 오픈AI의 챗GPT 이후 초거대 모델들이 나오기 시작하고, 인터넷의 수많은 데이터를 넣은 파운데이션 모델들이 운영되기 시작했다. 국내에서는 네이버 하이퍼클로바X*가 이런 파운데이션 모델을 만들려고 하고 있고, 카카오, SK텔레콤 등도 시도하고 있다.

그러면 여기서 이제 비즈니스에 대한 고민이 시작된다. 왜냐하면 기존에는 AI 회사라고 하면 어디는 텍스트를 잘하고, 어디는 이미지를 잘하고, 어디는 동영상을 잘하는 식으로 나뉘어 있었다. 그런데 파운데이션

* 네이버 하이퍼클로바X는 2023년 8월 24일 출시되었다.

모델이라는 게 나와서 기존의 모든 데이터를 흡수한 후 그거를 갖고 뭔가 튜닝을 해서 작업이 가능해지니 IT 업계도 비즈니스 모델 자체가 개편되기 시작한 것이다. 이런 파운데이션 모델을 운영하기 위해선 그런 데이터를 저장하고 운영하는 클라우드도 있어야 하고 매우 많은 자금이 필요하다. 그러나 기존의 AI 기업들이 모두 파운데이션 모델을 만들 만큼 덩치가 큰 회사는 아니다. 그런 곳들은 어떻게 해야 할까? 앞서 얘기했듯 이 파운데이션 모델의 결괏값을 자기들이 개발한 비즈니스 애플리케이션을 통해 튜닝해서 소비자에게 제공하는 서비스를 하는 것이다. 그런 비즈니스 모델들이 우리가 잘 알고 있는 제스퍼나 국내의 뤼튼 혹은 라이팅젤 같은 회사들이다.

즉 생성형 AI 시장에는 현재 데이터를 잘 만드는 파운데이션 모델의 회사와 그런 파운데이션 모델의 결괏값을 응용하는 회사들이 있다. 마치 반도체 시장에서 반도체 설계도를 만드는 회사와 설계도를 갖고 생산에만 집중하는 회사가 있는 것처럼 말이다. 일종의 플랫폼 구조의 형태에 가깝게 가고 있는 것인데, 이제 여기서 우리가 고민해볼 부분들이 있다.

챗GPT API 비즈니스,
지속가능한 수익구조를 만들 수 있을까?

앞서 말한 파운데이션 모델의 가장 대표적인 예시가 현재 가장 많이 쓰이고 있는 오픈AI의 챗GPT이다. 그리고 챗GPT의 API를 가져와서 응용 비즈니스를 만들어내는 게 앞서 말한 제스퍼나 국내에서는 뤼튼이나 라이팅젤 등이다. 그럼 파운데이션 모델이 아닌 챗GPT의 API를 가져와서 IT 비즈니스를 하는 기업들은 어떤 식으로 할까? 구체적으로 예시를 들면 '윔지컬(Whimsical)'이란 회사가 있다. 원래 마인드맵을 만드는 서비스 회사였는데, 우리가 알다시피 마인드맵은 우리가 일일이 텍스트를 넣어야 되는 도구다. 그런데 여기에 챗GPT의 API를 가져오면 어떻게 될까? 중앙에 키워드를 넣으면 관련된 마인드맵이 저절로 그려지는 것이다. 마인드맵은 원래 우리의 생각을 정리하는 도구인데, 그 내용물들까지 챗GPT가 넣어주는 것이다. 또 다른 예시로는 판다GPT라고 해서 특정 상품에 대한 키워드를 넣으면 실제로 그 키워드를 갖고 내가 인터넷에서 물건을 팔 수 있게 장단점을 요약해준다거나, 그 상품을 어떤 식으로 팔고, 어떤 방식으로 상품 페이지를 만들면 될지 알려주는 서비스가 있다. 원래 이 회사도 네이버에서 다양한 쇼핑몰에 대한 분석을 제공해주는 회사였는데, 챗GPT API를 통해서 기능이 더 늘어나게 된 형태다. 그리고 최근 국민은행에서 우리의 은행 업무를 도와주는 AI 챗봇, KB GPT라는 서비스를 론칭했다.

여기서 궁극적으로 고민해봐야 할 부분은 API를 쓸 때 그냥 쓰는 게 아니라 돈을 낸다는 것이다. 그리고 꽤 비싸다. 개인이 사용하는 챗GPT는 월정액이지만, 이렇게 API 형태로 활용하는 것은 건당 단가를 내야 한다. 예를 들어 우리가 챗GPT에 질문을 한 번 하는데 30원의 돈이 든다면, 사용자 1인당 최소 30원 이상의 수익구조가 나오지 않는 이상 비즈니스를 지속하기 힘들다. 게다가 갑자기 오픈AI의 API에 관한 정책이 조금만 바뀌어도 이를 활용하고 있는 기업에는 아주 큰 타격이 될 수도 있다. 최근 챗GPT가 플러그인이라는 서비스를 만들었는데, 그 서비스를 자세히 살펴보면 챗GPT의 API를 통해 외부 서비스에서 실행하게 하던 기능을 반대로 챗GPT안에서 실행하게 하는 형태로 구성되어 있다. 즉 애플이나 구글이 해왔던 것 처럼 앱 생태계를 만들고 챗GPT 안에서만 움직이게 하는 플랫폼 비즈니스를 구성하고 있는 것이다. 이런 상황에서 챗GPT 밖에서 서비스를 움직이게 하는 API 비즈니스가 지속가능성과 차별성을 계속 가질 수 있을까? 냉정하게 보면, 필자는 힘들다고 생각한다.

물론 아예 대안이 없는 것은 아니다. 최근에 이런 구조를 깨기 위해 메타에서 오픈소스 형태의 언어모델인 라마2를 공개했다. 제한적이지만 상업적으로도 활용할 수 있으니, 이것을 GPT만큼 유용하게 튜닝할 수 있느냐에 관해 기존 API 비즈니스를 하던 스타트업 사이에선 고민이 있는 상황이다. 지금의 상황은 마치 아이폰이 처음 나왔을 때 수많은 앱이 나왔다가 결국 몇 개로 추려지는 과정이 한꺼번에 일어났던 당시의 상황과 비슷하다. 이 변화와 경쟁 속에서 어떻게 살아남을 수 있을까? 그런 복잡한 고민을 지금 국내외 모든 IT 스타트업들이 하고 있을 것이다.

IT 개발 현장을 어떻게 바꾸고 있을까?

류덕민

챗GPT의 등장은 교육과 IT 등 다양한 분야에서 혼란과 변화를 일으키고 있다. 챗GPT는 AI 기술의 가능성을 보여주며, IT 업계의 전략을 재편하고 있다. 따라서 챗GPT를 기반으로 한 비즈니스 모델 개발, 그리고 챗GPT를 활용한 새로운 서비스 제공이 증가하고 있다. 이런 변화는 IT 개발 현장에서 개발자의 역량과 관점을 새롭게 요구하며, AI와의 협업에 대한 새로운 접근법이 필요하다. IT 개발 현장에선 지금 챗GPT로 인해 크게 세 가지 변화가 일어나고 있다.

첫째, 개발 프로세스가 달라지고 있다. 챗GPT는 인간과 상당히 비슷한 대화가 가능한 AI로, 이에 따라 사용자 경험(UX)을 고려한 대화형 인터페이스가 개발되고 있다. 즉, 잠재적인 보안 위협과 코드의 취약성을 식별하여 시스템을 더욱 강력하고 안전하게 만들어 준다.

두 번째, IT 개발 직무 역할에서 큰 변화가 예상된다. 대화형 AI 개발자, Data Science Translator, 알고리즘 윤리학자, 자동화 설계자, AI 블록체인 개발자, 사이버 보안 분석가, 클라우드 솔루션 설계자, AI 증강 현실(AR)

및 가상 현실(VR) 개발자, AI 기반 IoT 솔루션 설계자, 에지 컴퓨팅 엔지니어, 데브옵스(DevOps) 개발자, 개인 정보 보호 컨설턴트, AI 융합 양자 컴퓨팅 전문가, API 개발자, RPA(Robotic Process Automation) 개발자, 새로운 기계 학습 엔지니어 등 새로운 직업군과 역할이 만들어지고 있다.

세 번째, 창의성 영역에 상당한 변화를 가져오고 있다. 챗GPT는 다양한 분야의 크리에이티브 전문가에게 AI 기반 어시스턴트를 제공하여 크리에이티브 프로세스를 향상하고 작업의 경계를 확장해주고 있다. 예를 들면 대화, 플롯 전개 및 캐릭터 아크를 제안하여 시나리오 작성 과정을 지원받을 수 있게 되었고, 작문 지원의 향상을 원하는 작가나 블로거 및 콘텐츠 제작자에게 유용한 도구임이 입증되었으며 대화에 참여하여 창의력을 발휘하고 예술적 영감을 통해 예술적 지평을 넓힐 수 있게 되었다. 또한 게임 디자이너라면 몰입형 내러티브와 매력적인 캐릭터를 만드는 도구로 사용할 수 있고, 또 음악과 관련된 이들에게는 다양한 장르의 음악을 작곡하고 생성하는 과정에서 유용하게 사용될 수도 있다. 혹은 창의적인 광고 아이디어 및 마케팅 캠페인을 진행하는 일도 가능할 것이다.

그러나 이러한 착한 AI를 통하여 인간에게 도움이 되

는 솔루션을 만들기 위해서는 AI의 편견과 공정성, 할루시네이션(hallucination),* 개인정보보호 문제, 미성년자 사용 문제, 오류처리 구현 등 아직도 풀어야 할 숙제가 많다. 이러한 문제는 개발자뿐만 아니라 정부나 기관 및 사용자 모두가 함께 풀어 나가야 할 것이다. 결론적으로 챗GPT의 등장은 IT 개발 현장에 새로운 시대를 열었다. 이를 통해 우리는 사용자 중심의 서비스를 제공하고, 빠르게 변화하는 시장 환경에 대응할 수 있는 능력을 갖춰야 할 것이다.

* 영어로 환각, 환영, 환청을 뜻하는 단어이다. 챗GPT 같은 생성형 AI에서 '할루시네이션'은 주어진 데이터 또는 맥락에 근거하지 않은 잘못된 정보나 허위 정보를 생성하는 것을 뜻한다. 흔히 오답을 정답처럼 말하는 챗GPT의 특성을 '할루시네이션'이라 지칭한다.

김덕진 류덕민 소장님은 개발자 출신이시잖아요. 오래 전부터 개발해오신 분들은 수많은 개발의 언어를 계속 공부하면서 외우셨을 것 같아요. 그런데 3~4년 전부터 나오는 개발자 친구들을 옛날의 관점에서 보면 언어의 규격이 굉장히 자유로운 파이썬이나 R, 노즈AS 등을 쓰고, 본인들이 모르는 코드가 있으면 '깃허브'나 '스택 오버플로우 등에서 검색만 해서 복사, 붙여넣기 수준으로 하는 사람들이 꽤 많잖아요? 그러다 보니까 시니어 개발자들은 '저게 개발이야?' 이런 상황들이 분명히 있을 것 같습니다. 그런데 이런 상황에서 챗GPT가 제일 잘하는 게 코딩이잖아요. 이렇게 도구들의 발전이 굉장히 빠르게 진행되고 있는 IT 개발 현장에서 현역 개발자들은 지금 어떤 상황인지 궁금합니다. 현타가 오는 건지? 아니면 오래된 분들은 정말 할 일이 없다고 생각하시는 건지? 아니면 빨리 적응하기 위해 도구를 공부하고 있는 상황인지?

류덕민 코딩이라는 건 굉장히 심플하면서 작게 단출화 시켜서 효율적으로 만들어야 되거든요. 그런데 이제 코딩하는 사람들의 시대가 완전히 바뀌었죠. 적극적으로 표현하면, 이제 챗GPT 등의 AI를 옆에 두고 코딩하지 않는다. 그러면 저는 약간 미개하다는 생각이 드는 거예요. 코딩 잘하는 IQ1000 짜리 10만 명이 해준 걸 보고 있는데, 그걸 억지로 안 한다는 것 자체가 비현실적인 거죠. AI의 코딩은 사람이 할 수가 있는 수준이 아닙니다. 시간 단축, 이 점에 대해서는 반론을 제기할 수가 없지 않습니까? 그런데 이런 건 있죠. 코딩이나 다른 영역이나 초보가 잘 쓰는 게 아니고, 잘하는 분이 이걸 쓰면 날개를 다는 거죠.

김덕진 공감합니다. 말씀하신 대로 잘하는 사람이 더 잘할 수 있는 상황이 되고 있잖아요. 특히 대규모 SI 작업 등을 하면 기존에는 코드를 실제 물리적으로 짜는데 시간이 걸리니까 사람이 최소 10명은 필요했는데, 여기 챗GPT가 들어가면서 속도가 엄청나게 줄어들죠. 그 사람의 실력과는 무관하게 10명이 1, 2명만 있어도 되는 상황이 만들어진단 말이죠. 그런 관점으로 보면 이게 좋은 도구가 될 수는 있는데, 전반적인 개발자와 지금 개발자를 꿈꾸는 주니어 같은 경우에는 '개발을 계속할 수 있는 거야?' 아니면 '시장이 훨씬 작아지는 거 아니야?' 이런 고민이 있을 것 같은데, 현장에선 어떻게 느끼시나요? 회사에 오는 주니어 개발자들은 그런 고민을 하고 있나요?

류덕민 농담을 많이 하죠. '우리 설 자리 이제 없지' 그런데 그럼 '개발자가 없어지느냐?' 그거는 저는 아니라고 봅니다. 개발자는 계속 있을 텐데, 다음 단계의 개발자가 되겠죠. 독창성과 융합하는 능력이 앞으로의 개발자들에게 중시될 겁니다. 예를 들면 지금 교육하는 데 보면 프롬프트는 챗GPT에서 하고, 그림은 미드저니에서 하고, 비디오는 다른 데에서 하면서 이런 개별적인 AI 툴을 강사들이 초보들한테 교육을 많이 하잖아요? 그런데 그런 것을 한 사이트나, 한 프로그램에서 다 할 수 있다면? 이런 식으로 개발자 영역의 다음 스탭은 각 기능들을 융합하는 방법을 구상하는 등 다양한 길이 많다고 봅니다. 아울러 엔지니어들의 역할로 '프롬프트' 다음은 뭘까 생각해보면, 저는 리버스 엔지니어링*이라고 생각합니다. 즉, 개발자는 이제 질문의 질문을 만드는 역할을 하게 되는 거죠. 쉽게 설명을 해드리면 건물 사진을 넣으면 도면이 나오는 방식들이겠죠. 그러니까 개발자가 없어질 일은 없고요. 다소 시장이 줄기는 하겠죠. 다만 줄어드는 만큼 새로운 시장이 열리긴 할 겁니다. 그쪽으로 도전해야겠죠. 물론 기존의 방식을 고수하는 개발자들이 설 자리가 없어지긴 할 겁니다.

* 소프트웨어 공학의 한 분야로 이미 만들어진 시스템을 역으로 추적하여 처음의 문서나 설계기법 등의 자료를 얻어 내는 일을 말한다.

김덕진 개발자의 롤이 바뀔 거라는 얘기를 하셨잖아요. 저는 API 비즈니스도 좀 비슷할 것 같아요. 말씀하신 것처럼 어쨌든 기존에 개발하던 사람들이 다 없어지진 않지만 줄겠고, 그리고 그 나머지 사람들은 새로운 관점의 개발자로서 어떠한 위치를 잡아야 하는 상황이잖아요. 그런데 아까 제가 발제에서 언급한 것처럼 파운데이션 모델을 가지고 있지 않은 API를 기반으로 하는 회사들이 궁극적으로 차별성이 있겠느냐는 고민을 하게 되는 거죠.

류덕민 그런데 이제 API를 활용하는 비즈니스로 성공한 모델들이 많이 있잖아요? 제스퍼도 그렇고, 그 외에도 많이 있는데 자기들이 어떤 특정한 시장을 잘 찾아서 움직이면 충분히 가능성은 있습니다. 다만 통계적으로 보면 번 돈을 가지고 사업에 잘 써서 개발자도 뽑으면서 비즈니스를 만들어 내야 하는데, 그런 걸 잘 못 만들거나, 만들었는데 실패한 케이스가 쌓여가는 상황인 거죠. 아마 거대 자금을 투자받은 곳들은 이런 실패 케이스들을 보며 고민하고 있을 거고 저는 잘할 거라고 생각합니다. 아울러 소장님이 말씀하신 API를 쓸 때마다 돈이 든다는 문제는 한 곳에 여러 개의 API를 같이 사용하는 방법도 있습니다. 혹은 같은 API를 아주 특정한 부분에만 사용하도록 튜닝하는 방법도 있고요. 실제로 저희는 NPC나 메타버스 등에 이런 식으로 챗GPT API를 적용해서 사용하는 방법을 구상하고 있는데요. 예를 들어서 챗GPT API를 피트니스에서 활용한 사례가 있는데, 트레이너 아바타에 챗GPT API를 넣은 거예요. 즉, 챗GPT API에 이 트레이너의 데이터를 넣은 거죠. 그러면 사람들이 이 아바타한테 "운동할 때 칼로리는 어떻게 먹으면 좋습니까?" 등 운동에 관한 질문을 하면 잘 답변을 해주지만, "최후의 만찬은 누가 그렸어요?" 이렇게 물으면, "그런 것도 답변해줄 수 있지만, 저에게는 운동에 관해서만 질문해주세요" 이런 식으로 유도하는 거죠. 그런 것들을 코딩으로 집어넣으면 API지만 비용을 줄일 수 있겠죠. 저는 앞으로도 시장에서 그런 응용들이 굉장히 많이 나올 거로 예상합니다.

오픈소스 생성형 언어모델을 활용한 비즈니스의 가능성

김덕진 그런데 말씀을 들으면 들을수록 궁극적으로 저는 오픈소스가 결국 대안이 되고, 시장을 지배할 거라는 생각이 들어요. 제가 생각하기에 앞으로 생성형 AI

를 이용한 비즈니스 구조는 크게 두 가지로 나눠질 것 같거든요. 첫째로는 기존의 API 비즈니스가 결국에는 오픈AI-마이크로소프트를 주축으로 통합될 것 같아요. 기존 API 비즈니스를 하는 기업들과 파트너십을 하든, 밴더사를 두든 결국에는 자기들이 다 관리하는 방향으로 갈 것 같고요. 그런 식으로 오픈AI는 자기들 플러그인 안에 사람들을 가둬놓고 그 안에서 회원 수를 높이는 전략을 쓰며 폐쇄형 플랫폼이 되는 거죠. 그렇지 않은 스타트업들은 결국 오픈소스를 활용하게 될 거라는 생각이 듭니다. 이게 가능할 것 같은 이유가 지금 LLM을 가진 회사들이 결국에 1, 2개 남고 다 합쳐질 거라는 얘기들이 나오잖아요. 저는 생각이 좀 달라요. LLM 회사들은 지금처럼 6, 7개 혹은 8, 9개가 유지될 확률이 높다고 생각해요. 왜냐하면 각 회사의 LLM마다 특징이 있는데, 문제는 우리가 이 LLM이 어떤 특징을 가졌는지 입력한 데이터가 블랙박스이기 때문에 몰라요. 저는 마치 우리가 사람의 MBTI처럼 언어모델의 특징에 따라 소비자들이 골라서 쓰는 시대가 올 거라고 생각해요. 예를 들면 챗GPT3.5와 4의 특징이 조금 다르고, 바드는 그것과 또 다르고, 빙챗도 답변의 느낌이나 써주는 양 이런 게 다 달라요. 그래서 궁극적으로는 소비자와 기업들이 그들의 특징을 알아가면서 본인에게 맞는 언어모델을 취사선택할 수 있는 날들이 올 거라고 생각해요. 그럴 수 있는 게, 현재 생성형 AI 관련해서 구글과 오픈AI를 포함한 어떤 기업도 기술적으로 완전히 압도할 수 있는 능력이 없습니다. 그래서 챗GPT가 오픈소스에 비해서 경쟁력이 없다는 얘기가 나오는 거죠. 어디에도 기술적 해자가 없다면 굳이 돈을 내고 API를 이용할 이유가 없으니까요. 그런데 우리가 알다시피 이미지 쪽은 스테빌리티 AI가 '스테이블디퓨전'이라는 본인들이 수십억을 써서 만든 AI 모델을 오픈소스로 공개해버리면서 "AI의 민주화"라는 키워드를 만들었잖아요. 메타가 뒤처진 것을 뒤엎기 위해서든 아니면 본인들이 승부수가 이것밖에 없어서든, 본인들이 돈을 많이 써서 만든 생성형 AI를 오픈소스로 풀고 상업용으로도 가능해진 시점부터가 저는 제대로 된 생성형 AI 비즈니스의 2라운드가 벌어지는 시기라고 생각합니다.*

류덕민 오픈소스를 활용한 비즈니스는 아마 다 로망이겠죠. 저희 같은 회사나 프리랜서 개발자들은 API 비즈니스 말고 자체적으로 좀 해보고 싶으니까요. 물론 오픈소스가 나온다면 실무적으로 얼마든지 가능할 거라고 생각합니다. 이제 아마 어느 레벨 이상 되는 회사들에서 이런 일을 하는 분들은 다 가능하다고 봐야 되겠죠. 기술적인 부분이나 이런 부분들은 큰 문제가 없다

* 대담 이후 메타가 생성형 AI 라마2를 오픈소스로 공개하면서 이미 빅테크 기업과 스타트업들의 비즈니스 2라운드는 펼쳐지고 있다.

고 보고 오픈소스 풀렸으니까 그것을 자기들이 어떤 형태로 할 거냐가 문제겠죠. 리더가 어떤 걸 좋아하느냐에 따라 다를 수 있고 글쓰기든 그림이든 방향성만 다르지 실제 여러 가지 유형으로 만드는 거는 어려움이 없다고 봅니다.

결국 판도를 바꿀 것은 킬러 콘텐츠

김덕진 혹시 처음 앱스토어 나왔을 때 사람들이 가장 많이 다운로드 했던 앱이 뭔지 아시나요? 촛불 후 불면 화면이 흔들리는 앱입니다. 그걸 왜 사람들이 많이 다운받았을까 생각해보면, 기존에 우리가 피처폰에 없었던 기능들을 스마트폰의 모듈을 가지고 활용했던 앱들이라고 생각이 들거든요. 그러니까 우리가 '후'하고 바람 불었을 때 기존 피처폰에는 감지 센서들이 없었는데, 스마트폰에는 감지 센서 때문에 촛불이 흔들리니까 그게 재밌는 거예요. 저는 지금 생성형 AI 프로그램을 사용하는 수준이 딱 처음 앱스토어 나왔을 때 수준이라고 봐요. 뭐냐면 아직 그냥 신기한 겁니다. 그런데 여기서 2단계로 간 게 카카오톡 등의 메신저라고 생각하거든요. 카카오톡이 왜 성공했냐 생각해보면, 기존에 돈이 들었던 걸 무료로 만들어줬기 때문입니다. 즉, 1단계가 그냥 없던 기술이 생겨서 신기함을 경험하는 단계라면, 2단계는 내가 원래 돈이나 시간을 지불했어야 되는 것을 새로운 기술을 통해 지불 안 하거나 아주 적은 돈과 시간을 지불하는 상황을 경험하는 거죠. 그런데 저는 '앱'이란 걸 하나의 콘텐츠로 본다면, 스마트폰 시절에 없었던 것을 있는 것으로 가장 매력적으로 바꾼 앱이 한국에선 '배달 앱'이라고 생각합니다. 왜냐하면 배달 앱은 사람들의 시대의 행태를 바꿨어요. 제일 큰 것 중에 하나는 전화하기를 두려워하는 세대들한테 전화하지 않아도 되는 형태를 줬고, 개인이 귀찮게 배달을 위한 전단지들을 모아야 알 수 있었던 정보들을 하나로 묶어줬고, 그러면서 소비자들한테 직접적으로 돈을 받진 않잖아요. 이러한 세대의 변화, 시대의 변화를 인지하면서 '나'의 불편함을 압도적으로 줄여줬죠. 그러면서 비즈니스 구조가 아예 바뀌어버렸습니다. 이 비즈니스의 제일 큰 특징은 먹히지 않는다는 거예요. 최소한 한국 배달앱은 미국 회사에 먹히지 않는다는 거죠. 이런 특징이 왜 중요하냐면 앱 스토어가 처음 나왔을 때 신조어 중에 셜록트라고 있었어요. 맥이 처음에 나오고 맥킨토시 초반에 맥용 검색 엔진 이름이 셜록이었잖아요. 그런데 셜록트라는 말이 왜 나왔냐면 앱스토어 초창기에 괜찮은 앱만 나오면 애플이 그렇게 흉내를 내는 거예요. 왜냐하면 자기들이 아이디어는 없지만 시장 주인이잖아요. 소위 말해서 반칙 플레이를 한 거죠. 그래서 셜록트가 안 되는 게 뭘까에 대해서 저는 고민을 많이 했던 것 같아요. 왜냐하면 오픈AI가 지금 플러그인 등을 통해 결국 자기들이 플랫폼의 형태가 될 텐데, 그런 입장에서 어떤 회사가 진짜 참신한 아이디어를 내더라도 그 참신한 아이디어를 오픈AI가 따라 하면 이기기가 쉽지 않을 것 같기 때문이죠. 그런 관점에서 배달앱처럼 따라 하기 힘든 수준의 킬러콘텐츠 앱이 나와야 그때야말로 생성형 AI가 새롭게 줄 수 있는 비즈니스겠다는 생각이 듭니다.

류덕민 10, 20대에 굉장히 다른 생각들로 성공하는 히어로가 나오겠죠. 물론 나이는 하나의 예지만, 나이 많은 쪽이나 적은 쪽이나 킬러 콘텐츠에 관한 니즈가 있는 쪽에서 히어로가 나올 겁니다.

김덕진 네, 저는 지금 AI에 있어서는 나이와 세대가 꽤 중요하다고 생각해요. 배민이 잘 됐던 이유도 전화를 불편해하는 세대가 생겼기 때문이니까요. 그런데 전화가 불편하지 않은 사람들은 배민의 의미를 몰랐을 것 같아요. 제가 그런 걸 비슷하게 느끼는 게, 스트라이프라는 아주 유명한 미국 결제 회사가 있는데, 이걸 만든 친구들이 되게 어린 천재들이에요. 얘네한테 물어본 거예요. 왜 이걸 만들게 됐느냐? 제일 놀랐던 것 중의 하나가 "페이팔이 불편해서요"라는 얘기를 했다는 거죠. 기존 세대들 특히나 미국에 있는 사람들은 페이팔이 우리의 이 복잡한 모든 결제를 너무나도 심플하게 만들어줬다고 페이팔을 극찬하고 있었는데, 이미 태어날 때부터 페이팔을 썼던 애들은 이게 불편하다는 거예요. 우리가 MZ 다음 세대라고 말하는 알파 세대들의 인터넷에선 챗GPT와 생성형 AI가 너무 당연한 게 될 거고, 이 세대들이 페이팔이 불편해서 스트라이프를 만든 천재들처럼 무언가를 만들겠죠. 우리에게는 너무나도 신세계겠지만, 그들한테는 불편함을 해결하기 위한 그런 스타트업이 나오지 않을까 생각이 듭니다.

류덕민 동의합니다. 현재는 초기 단계니까 시간이 지나면서 그런 킬러 콘텐츠는 시장에서 점점 요구되면서 자연스럽게 만들어질 것 같습니다. 그런데 그런 콘텐츠는 개발자보단 인문학적인 계열에서 많이 나올 거라고 생각합니다.

김덕진 혹시 예상하시는 킬러콘텐츠가 있으신가요?

류덕민 젊은 사람들의 불편함을 없애는 것과는 좀 무관할 수 있는데요. 요새 독거노인분들도 개인화가 많이 돼 있잖아요. 저는 이분들과 친구처럼 대화할 수 있는 '반려기계' 콘텐츠도 가능성이 높다고 생각합니다. 스마트폰으론 이게 구현이 잘 안 되거든요. 생성형 AI 기술이 더 발전해서 이분들이 로봇 친구에게 '밥 먹어나?'물어보면 '밥 먹었다'라고 말하며 대화를 이어나갈 수 있는 형태로 개발된다면, 그 시장도 성장 가능성이 높을 것 같습니다.

김덕진 그런 맥락 때문인지 최근에 캐릭터닷AI*가 지금 기술이 완성되지도 않은 상황에서 1억 5천만 달러 이상을 투자받았죠. 제가 봐도 일단 제일 먼저 성공할 분야는 챗봇일 것 같아요. 챗봇의 형태인데 다양한 페르소나와 캐릭터를 가지고 있고, 그걸 이제 음성 인터페이스로 아주 편하게 이용할 수 있어야겠죠. 최근에 오픈AI가 만든 위스퍼라고 하는 API도 상당히 매끄럽고 아이폰 전용 앱에서는 이미 음성으로 대화가 됩니다. 이런 걸 기반으로 해서 결국에는 생성형 AI로 나오는 비즈니스들도 신기함과 재미를 주는 것부터 사람들에게 시대와 호응하는 다양한 가치를 주는 형태로 조금씩 진화할 것이라 생각합니다.

* 챗GPT를 바탕으로 만들어진 버추얼 챗봇 서비스 플랫폼.

AI와 창의성의 미래
김덕진, 송태민

AI 시대의 크리에이터, 별자리를 만드는 인간

김덕진

밤하늘에는 반짝거리는 별이 있다. 별은 인간이 만든 게 아니지만, 반짝거리는 별을 연결해 별자리라는 것을 만든 건 인간의 상상력이다. 생성형 AI가 인간에게 제공하는 콘텐츠는 밤하늘에 떠 있는 각각의 별과 같은 것이라고 생각한다. 그것을 연결해서 별자리라는 창의성을 만들어내는 건 여전히 인간의 영역이다. 이 책의 제목은 《인간이 지워진다》지만, 마지막 장에선 그럼에도 불구하고 인간은 다시 선명해질 수 있다는 얘기를 해보려 한다.

'MOT마케팅'*이라는 말이 있다. 원래 MOT라는 말은 투우사가 소의 머리에 칼을 꽂는 순간을 뜻하는 말이다. MOT마케팅이란 사람들에게 어떤 상품의 와우포인트(감탄하는 순간)를 줘 구매를 유도하는 마케팅 기법이다. 즉, MOT마케팅의 핵심은 사람들에게 '반짝거리는 결정적 순간'을 준다는 것인데, AI가 인간의 창의성과 결합할 때 가장 시너지를 발휘하는 게 이 지점이다.

생성형 AI는 인간이 언어로 작성한 프롬프트를 통해

* MOT(Moment of Truth) 마케팅은 소비자와 접촉하는 짧은 순간들이 제품과 기업에 대한 인상을 좌우하는 데 중요하다는 것을 강조하는 마케팅 기법이다. (네이버 지식백과 참고)

무수히 많은 콘텐츠를 생산할 수 있다. 이 콘텐츠들 속에서 반짝거리는 MOT의 흔적들을 발견하고 연결하는 건 인간의 역할이다. 아무것도 없는 밤하늘에 반짝거리는 별을 쏟아내는 것은 AI지만, 그 별을 하나하나 연결해 별자리를 만들어내는 건 인간의 창의성이다. 별자리는 다시 수많은 이야기를 파생시킨다. 그리고 생성형 AI가 쏟아내는 콘텐츠를 연결해 내러티브를 만들어가는 게 크리에이터이다.

소셜미디어 뉴스 콘텐츠로 화제가 되었던 '버즈피드(BuzzFeed)'*의 CEO 조나 페레티는 "향후 3년 동안 디지털 미디어의 트렌드는 크리에이터와 AI 두 가지 주요 트렌드로 정의될 것이다"라고 얘기했다. AI라는 기류와 이를 통해 이야기를 만들어내는 크리에이터라는 역할은 앞으로 더욱 중요해질 것이다. AI가 생산하는 콘텐츠라는 별을 연결해 별자리라는 내러티브를 만들어내는 능력이 AI 시대 인간이 발휘할 수 있는 창의성이기 때문이다. 즉, 크리에이터는 AI가 인간의 모든 영역을 대체하는 시대, 인간을 더 선명하게 만들어 줄 마지막 보루인 것이다.

* 미국의 뉴스 및 엔터테인먼트 웹사이트이자 회사다. 소셜미디어의 성격을 적극적으로 활용해 사람들의 이목을 끄는 바이럴 기사를 생산하며 빠른 성장을 이뤘다. 한때 전 세계 언론 가운데 방문자 1위를 기록하기도 했지만, 2023년 현재 뉴스 사업 파트는 폐지되었다.

크리에이터, 디자인적 사고와 AI의 결합

송태민

필자는 디자이너로 20년 넘게 일을 해왔고, 지금은 유튜브 크리에이터의 삶을 살고 있다. 필자가 디자인을 시작한 시점은 1999년도였기 때문에 손으로 직접 그림을 그리는 아날로그 디자인과 그래픽 작업을 하는 디지털 디자인의 시대 딱 중간에 껴 있었다. 디자이너들은 약간 예술가의 감성을 갖고 있어서, 아날로그 디자인에 디지털 툴 즉 포토샵이나 일러스트로 하는 디자인 등이 도입될 때도 '그건 반칙이지', '포토샵 하는 사람은 그냥 컴퓨터 하는 사람이지. 그 사람이 왜 디자이너냐?'라는 생각을 했다. 하지만 결국 다양한 툴을 이용한 디지털 디자인은 업계의 표준이 되었다. 지금 디자인의 영역에 AI가 도입되면서 나타나고 있는 파장은, 아날로그 디자인이 디지털을 만났을 때 나타난 파장과 비슷한 느낌이다.

생성형 AI는 기본적으로 기존에 어딘가에 있는 데이터를 모으는 작업을 하는 시스템이다. 엄밀하게 말하면 완전히 새로운 것을 가져올 수는 없다는 게 지금 생성형 AI의 한계다. 인간의 위대함은 여기에 있다. 인간은 전 세계에 있는 책을 다 읽지 않아도, AI에 비해 적은 학습을 통해 완전히 새로운 것을 만들어낼 수 있기 때문이다. 생성형 AI가 수많은 콘텐츠를 우리에게 주더라도, 그 콘텐츠들이 창의적이라고 보기는 어렵다. 하지만 이를 통해 인간은 창의적인 무언가를 만들어낼 수 있다.

디자인으로 한정해 말하자면, AI는 기본적으로 아직 디자인을 못한다. 디자인에 활용할 수 있는 소스를 만들 뿐이다. 챗GPT 이후 필자는 크리에이터로서 생성형 AI를 이용한 다양한 프로젝트를 해왔다. 그중 '100인 100권 만들기'라는 프로젝트가 있었다. 말 그대로 생성형 AI를 활용해 100명이 100권의 책을 만드는 거였는데, 참여한 사람 중 2권씩 만든 사람도 몇 명 있어 결과적으로 이 프로젝트를 통해 총 154권의 책이 한날한시에 동시 출간되었다. 154권 책의 표지 디자인은 참여자들의 요청을 반영해 필자가 디자인 작업을 진행했다. 이 책을 만드는데, 필자는 미드저니라는 이미지 생성 AI를 이용했다. 총 두 달 동안 154권 책의 표지를 디자인하면서 느낀 점이, 필자가 디자이너가 아니었다면 이런 작업은 불가능했을 것이란 점이다. 소스는 생성형 AI에게 얻었지만, 디테일한 디자인 작업을 하는 데는 154권 모두 필자의 손을 거치지 않은 책이 없었다.

물론 한참 후의 미래에는 AI가 인간의 모든 영역을

대체할 수도 있다. 그러나 지금 시점에서 AI가 대체할 수 있는 영역은 직장으로 치면 인턴이나 사원 정도의 역할이다. 지금의 AI도 그 정도의 업무는 가능할 거라고 보기 때문이다. 인간은 마치 직장에서 팀장이 팀원을 디렉션하는 것처럼, AI 사원을 디렉션하여 창의적인 작업물을 뽑아내는 역할을 하게 될 것이다. 인간의 역할이 바뀌는 이런 변화를 염두에 두지 않는 사람은 도태될 수밖에 없다.

사실 디자이너들 사이에도 레벨이 있다. 본인의 창의적인 상상력으로 소스들을 조합하여 새로운 작업물을 만들어내는 사람이 있는가 하면, 오퍼레이터처럼 의뢰자의 요청에 따라 그대로 따라 하는 작업만을 하는 사람들이 있다. 보통 디자이너끼리는 자기가 상상해서 무언가를 만드는 사람은 디자이너 취급을 하지만, 기계적인 작업을 하는 사람은 디자이너라고 보지 않는다. 후자의 영역을 AI가 대체하게 될 것이다. 디자인의 영역에서도 앞으로 창의적 상상력이 없다면 살아남을 수 없다. 반대로 말하면 상상력에 능한 사람은 더욱 주목받을 수 있는 진정한 크리에이터의 시대가 온 것이다.

김덕진 "AI 시대 창의성은 ○○이다"라는 문장이 있다면, ○○에 들어갈 키워드가 뭘까요?

송태민 저는 줏대라고 생각해요. 줏대란 자기의 처지나 생각을 꿋꿋이 지키고 내세우는 기질이잖아요. 끊임없이 콘텐츠를 쏟아내는 생성형 AI의 생산물을 연결하는 창의성을 위해선 본인이 명확한 줏대를 가지고 있어야 해요. AI를 활용해 음악, 영상, 이미지 무엇이든 만들려면, '뭘 하고자 하는지'에 관한 나만의 명확한 목표가 있지 않고선 랜덤으로 등장하는 생산물에 휘말릴 수밖에 없어요.

김덕진 줏대란 건 곧 나의 주관이잖아요. 저도 비슷하게 생각하는데, 그래서 앞으로 더욱 셀프 브랜딩이 중요할 수밖에 없을 것 같아요. 근데 이게 크리에이터 이코노미랑 딱 맞는 거예요. 크리에이터라는 게 결국 나만의 시선, 남과는 다른 나만의 흔들리지 않는 생각을 유지하며 그걸 콘텐츠화하는 거잖아요. 그런 다양한 콘텐츠가 산업화된 것이 지금의 크리에이터 이코노미고요. 이게 어디까지 나아갈지 예상을 해본다면, 저는 대중문화가 거의 사라지거나, 의미가 바뀔 것 같아요. 지금까지 대중문화의 핵심은 지금 소장님이 말씀해준 '줏대'와는 반대로, 줏대가 없는 거였잖아요. 다양한 사람들의 각각의 줏대가 콘텐츠화 된다기보단, 다양한 사람들의 관점을 모두 충족시켜 줄 수 있는 '국민○○'이 사랑받는 시대였죠. 근데 딱 요즘 그런 대중문화가 거의 사라지고 있는 분위기예요. 물론 유튜브 등에 등장하는 크리에이터들도 유행을 따라가는 면이 없지 않지만, 한편으론 하나의 유행이 아닌 특정 집단에서만 퍼지는 다양한 유행이 공존하는 상황입니다. 크리에이터 입장에선 앞으로 AI를 활용해 본인의 컨셉과 브랜드를 더 명확하게 내세울 수 있을 거예요. 저는 궁극적으로 이런 현상들이 대중문화라는 이름으로 지워졌던 개개인의 다양성을 오히려 선명하게 만들어 줄 거라고 봅니다. 물론 줏대가 있어야 살아남을 수 있는 시대가 된 거기도 하죠.

송태민 결국 창의성이란 건 인간이 가진 나만의 가치관과 고유의 생각을 얼마나 유지하고 밀어붙일 수 있냐, 버틸 수 있냐인 것 같아요. 그리고 앞으로 우리가 살 미래에는 그렇게 개인이 원래 가지고 있던 그 사람만의 명확한 가치관을 유지한 이들만이 살아남을 수 있을 것 같아요. 그런 시대가 온 거죠.

AI는 줏대 있는 사람을 좋아한다

김덕진 AI 시대 창의성이란 줏대다. 벌써 결론이 나와버렸는데요? 그렇기 때문에 인간은 더욱 선명해질 거란 게 송태민 소장님의 생각이죠. 실제로 AI는 줏대 있는 사람을 좋아합니다. 유튜브 알고리즘도 줏대 있게 콘텐츠를 올리는 사람들을 띄워주잖아요. 생성형 AI도 질문을 계속하면 할수록 더 좋은 결괏값을 우리에게 주고요.

송태민 맞아요. 그래서 저는 이미지 생성 AI를 썼을 때 느꼈던 점이, '나 위험하겠다. 내 일 없어지는 거 아니야?' 이게 아니라, '앞으로 더 편하고 빠르게 내가 원하는 걸 할 수 있겠는데?'였어요. 디자이너 입장에선 생각을 표현하는 게 훨씬 더 쉬워진 거죠.

김덕진 그럼 소장님이 생각하기에 생성형 AI가 디자이너와 잘 맞는 이유가 무엇일까요? 20년 이상 디자인 작업을 해오신 입장에서 디자이너의 생각법과 생성형 AI 이용법이 연관되는 게 있을까요?

송태민 일단 디자이너는 뭔가를 만들기 위해 머릿속에서 고민을 엄청나게 많이 합니다. 머릿속에서 굉장히 많은 그림을 그리는데, 폰트·색상·형태·레이아웃을 고민하고, 웹디자이너들은 본인의 그림이 실제로 개발돼 사용자들이 클릭했을 때의 상황까지 계속 머릿속에서 시뮬레이션을 돌리죠. 그런 식으로 계속 시뮬레이션을 돌리고 시안 하나를 뽑습니다. 그리고 그 시안을 이제 사람들에게 피드백을 받으며, '여기는 빨간색보다 파란색이 나은 것 같아'라는 말을 들으면 다시 한번 고쳐보기도 하면서 계속 정리를 해나가거든요. 이 과정을 계속 반복하는 거고, 그냥 뚝딱 만드는 사람은 없어요. 즉, 디자이너들은 머릿속으로 굉장히 많은 고민을 한 이후에 나온 시안을 다시 남들에게 피드백을 받는 직업군이 많다 보니까, AI와도 이 반복되는 과정을 견딜 수 있어요. 예를 들어 일반인이 생성형 AI에 '이 그림은 어떻게 그려?' 혹은 '맑은 날씨의 풍경화를 그려줘'라고 했는데, 이상한 그림이 나왔어요. 그럼 대부분의 사람들은 '이게 뭐야?'라고 하면서, 다시는 사용하지 않거든요. 근데 그게 아니라 원하는 게 나올 때까지 질문을 계속 던져야 원하는 걸 만들 수 있어요. 제가 꼭 그림에 한해서만 얘기하는 게 아닙니다. 글이든 음악이든 생성형 AI를 통해 만드는 콘텐츠는 다 마찬가지죠. 내가 원하는 게 나올 때까지 끊임없이 물어보고, 달래주기도 하면서 결과물을 만들어내야 하는데, 이게 디자이너들은 기본적으로 예전부터 학습돼 있기 때문에 좀 더 쉽게 진행할 수 있어요.

김덕진 방금 말씀하신 걸 정리하면, 디자이너도 한 번에 결과를 만들어내는 게 아니라, 머릿속으로 끊임없이 수정, 보완, 상상하고 혹은 만들어진 결과물도 계속 수정, 보완을 하면서 원하는 산출물을 만든다는 거죠. 하지만 거기에 디자이너 본인의 주관과 관점은 분명히 들어 있는 거고요.

송태민 맞습니다.

김덕진 근데 이제는 이런 AI 도구들을 통해서 머릿속에서만 시뮬레이션하지 않고, 화면에 AI가 구현한 소스들을 보면서 시뮬레이팅을 할 수 있게 된 거죠. 이런 환경이 디자이너가 창의성을 발현하기에는 더 좋아졌다고 볼 수 있고요. 단, 그럴 때 더 중요해지는 영역은 하나하나의 요소를 만드는 쪽보다는 그런 요소를 얼마나 잘 조합하고, 배치해서, 사람들에게 이게 어떻게 보일까를 계속 고민하는 디자이너들이 앞으로 더 주목받을 수 있다는 거죠.

송태민 이게 일반 직장으로도 설명이 될 것 같아요. 회사에서 보통 실무를 하는 사람과 관리직이 있잖아요. 저도 나이가 있다 보니, 주변에 관리직인 친구들이 많아요. 관리직에 관해 '실무도 안 하는 편한 업무'라는 인식도 있는데, 사실 조직을 매니지먼트한다는 게 굉장히 어렵거든요. AI가 더 많이 발전하게 된다면 사람의 역할은 대부분 이런 디렉터의 역할, 매니지먼트의 역할을 하게 될 거예요. 근데 인간도 관리자가 실무자에게 무언가를 정확하게 요청해야 일이 진행되듯이, AI에게도 인간이 원하는 것을 정확하게 요청해야 합니다. 이게 생각보다 쉽진 않아요.

크리에이터 이코노미와 생성형 AI가 만날 때

김덕진 예전에는 콘텐츠를 만든다고 하면 개인보다는 집단을 많이 연상했어요. 완성된 결과물을 만들 때까지 정말 작은 유닛도 5~10명 사이 혹은 최소 수십 명, 수백 명을 통해서 만들 수 있었던 게, 한 명이서 가능해진 게 지금의 '크리에이터'라는 직종이 생길 때부터라고 보면 될 것 같아요. 그리고 크리에이터라는 존재가 이제는 하나의 기업을 대체할 수 있는 수준이 됐기 때문에 '크리에이터 이코노미'라는 말이 회자되기 시작한 거죠. 이 말이 원래 2008년도, 그러니까 우리가 한때 뉴미디어라고 부른 블로그 등이 생길 때부터 '와이어드(Wired)'* 라는 잡지의 초대 편집장 케빈 캘리가 한 말이 유행되면서 생긴 개념이죠. 그가 한 말이 "천 명의 진짜 팬만 있으면 먹고 살 수 있는 시대가 된다"라는 얘기였어요. 이런 찐팬을 만들어낼 수 있는 콘텐츠를 만들어내는 게 당시 크리에이터들에게 중요했습니다. 이 말이 나온 게

* 1993년부터 출간한 미국의 월간 잡지다. IT를 포함한 다양한 기술이 인간 사회에 미치는 영향에 관한 내용을 주로 다루며, 스티브 잡스 등 실리콘밸리의 유명 CEO와 개발자들이 많이 등장하는 잡지다.

2008년인데 당시에는 블로그 등을 운영하며 펀딩 같은 걸 받아서 크리에이터 한 명이 기껏해야 월급 수준 정도를 벌 수 있었는데, 지금은 한 명의 크리에이터가 벌 수 있는 돈이 월급이 아니라 기업 정도의 수준입니다. 근데 저는 생성형 AI 때문에 앞으로 크리에이터 이코노미 시장은 더 커질 거라고 예상합니다. 이 생성형 AI를 가지고 가장 빠르게 돈을 번 사람이 미국의 카린 마저리라는 미국의 인플루언서인데요. 이 사람이 인스타그램에선 팔로워가 200만 명 정도예요. 200만 명도 대단하지만, 수억 명의 팔로워를 가지고 있는 사람들에 비하면 그렇게까지 영향력이 큰 사람은 아니란 말이에요. 근데 이 사람이 GPT4 기술을 활용해 자신의 목소리, 버릇, 성격 등을 복제해서 '카린AI'라는 1분에 1달러짜리 음성 챗봇 서비스를 시작했어요. 이걸로 이 사람이 출시 첫 주 만에 10만 달러(한화 약 1억 3,400만 원)의 매출을 기록했습니다.

송태민 이게 누구나 원하는 잠잘 때 돈을 버는 구조죠.

김덕진 네, 이 사람이 이렇게 해서 앞으로 한화로 66억 원의 수익을 예상한다고 합니다. 사실 200만 팔로워인 사람이 콘텐츠 만든 걸로 66억 원을 번다는 게 쉽지 않은데, AI로 본인이 더 이상 일을 하지 않고 AI 도구들을 통해 자기의 페르소나를 그대로 잇는 음성 챗봇을 만들어 수익을 거두고 있는 거죠. 실제로 챗GPT의 API를 활용한 서비스 중에 제일 많은 투자를 받은 데가 캐릭터닷AI라는 곳입니다. 거기가 한화로 2,000억 원 규모의 투자를 받았는데, 그곳도 생성형 AI를 통해 배우나 캐릭터 등의 페르소나를 만들어주는 사이트거든요. 제가 이런 사례들을 통해 말씀드리고 싶은 건, 그동안 진행된 '크리에이터 이코노미'라는 게 생성형 AI와 합쳐지면 진짜 1인이 중견 기업 혹은 언젠가는 대기업 이상의 영향력을 낼 수 있는 시대가 됐다는 거죠. 그리고 이런 내용으로 국회미래연구원의 이승환 박사님이 《슈퍼 개인의 탄생》*이라는 책도 쓰셨죠.

송태민 2022년도 어도비(Adobe)가 발간한 크리에이터 경제 동향 보고서 '크리에이티브의 미래'에 따르면 전 세계에는 약 3억 300만 명의 크리에이터가 있어요. 이 중 한국의 크리에이터는 약 1,750만 명으로 국민 10명 중 4명이 크리에이터 활동을 한다고 볼 수 있습니다. 아울러 한국은 전 세계 국가 중 인구 대비 수익 창출이 가능한 유튜버의 수가 가장 많은 국가이기도 합니다.** 물론 유튜브가 돈이 된다고 하니까 모든 사람이 달려들어 시작한 점도 있죠. 근데 이렇게 크리에이터가 많아지다

* 이승환, 《슈퍼 개인의 탄생》, 어웨이크북스, 2023.

** 유튜브 통계 분석 전문업체인 플레이보드의 집계에 따르면, 2020년 연말 기준 국내에서 수익 창출을 하는 유튜브 채널은 97,934개이다. 해당 수치를 인구 대비 수로 계산하면, 한국 국민 약 529명당 1명이 유튜버인 셈인데, 이는 전 세계 국가 중 인구 대비 유튜버 수가 높은 수치이다.

보니까 생태계가 조금 달라진 게, 방금 김덕진 소장님이 "천 명의 진짜 팬만 있으면 먹고 살 수 있다"는 얘기를 하셨는데 지금은 그렇지 않습니다. 2008년에는 천 명의 팬만 있으면 먹고 살 수 있었겠지만, 아마 지금은 그보다는 한참 위로 올라갔을 거예요.

김덕진 그렇죠. 예전에는 말 그대로 찐팬이라는 팬덤을 통해서 수익을 내는 게 크리에이터에게 상당히 중요한 요소였다면, 지금은 너무 많은 사람들이 유튜버에 도전하기도 하고, 예전처럼 크리에이터가 팬미팅 등을 여는 연예인 같은 존재가 아니잖아요. 때문에 팬덤의 충성도도 예전보다 낮아졌죠.

송태민 지금의 크리에이터들은 예전보다 더 활발하게 콘텐츠 비즈니스를 해야 해요. 말씀하신 '팬덤'이란 요소는 지금으로 치면 일종에 '굿즈'를 파는 것과 비슷합니다. 팬덤에 티셔츠를 파는 것과 비슷한거죠. 근데 지금은 굿즈가 잘 안 먹히기도 하고, 이것만으로는 지속가능성이 없어요. 대신 콘텐츠를 가지고 새로운 비즈니스를 만들어내야 하므로 '크리에이터 이코노미'라는 단어에 더 적합한 모습으로 크리에이터들도 바뀌고 있습니다.

김덕진 즉 예전에는 '콘텐츠 자체'로 돈을 버는 비즈니스도 되게 많았는데, 요즘엔 이 콘텐츠를 매개로 해서 뭔가 새로운 비즈니스로 연결하는 방식으로 수익을 낸다는 거죠. 이게 예전에는 되게 전문적인 기업에서만 하는 영역으로 알았고, 보통 크리에이터라고 하면 창의성 있는 콘텐츠를 생산하기만 하면 된다고 생각했는데, 이게 지금 한 단계 더 진화했다는 거잖아요.

송태민 유튜브로 예를 들면, 예전에는 유튜브 크리에이터가 유튜브 콘텐츠만으로 돈을 벌었다면, 지금은 크리에이터가 유튜브에 종속되어 있지 않은 거죠. 한마디로 중심이 플랫폼이 아니라, 크리에이터가 되는 거예요. 저를 예시로 들면, 저는 페이스북이나 블로그를 통해 사람들하고 소통하고 있어요. 근데 제 대부분의 콘텐츠는 유튜브에 있습니다. 제가 '검정복숭아'라는 채널뿐만 아니라 여러 채널을 운영하거든요. 정보성 콘텐츠를 올리는 채널도 있고, 그래픽 작업 위주의 콘텐츠가 올라오는 채널도 있어요. 여기선 유튜브 시청자들에게 제 콘텐츠를 소비시키는 거죠. 그리고 이 사람들을 한곳에 모아두고 소통하는 폐쇄적인 소통 공간이 있는데, 저 같은 경우는 카카오톡 오픈 채팅방을 이용하죠. 그러다 보니 지금 1,000명짜리 방이 3개 정도 있어요. 이 채널에선 제가 프로젝트를 시작할 때, 홍보로서 작업들을 공유할 수 있는 공간이 되기도 하고요. 그다음에 스터디 같은 경우는 '홀릭스'라는 서비스를 쓰고 있는데, 사람들이 월 1만 원이나 5만 원 정도를 지불하면 특정 주제에 관해 저와 함께 스터디를 진행할 수 있죠. 강의나 모임 같은 경우는 기존에는 A라는 회사에 제가 강사로 섭외되는 방식으로 제 중심이 아니라 회사 중심으로 진행이 됐다면, 이제는 '이벤터스'라는 서비스를 통해 제가 강의나 모임을 직접 만듭니다. 물론 기존처럼 외부에서 강연 섭외가 들어오는 경우도 있습니다. 이렇게 '어비'라는 크리에이터 중심으로 다양한 비즈니스가 돌아가게 만드는 게 '크리에이터 이코노미'의 대표적인 예시라 볼 수 있겠습니다. 사실 웹3.0*의 가장 큰 특징이 탈중앙화잖아요. 저는 그걸 제일 잘 보여주는 예시가 지금의 '크리에이터 이코노미'라고 생각해요.

김덕진 크리에이터라는 개인이 기업 하나만큼의 역량을 가질 수 있다는 게 저는 이미 시장에서 검증이 되고 있다고 봐요. 크리에이터 이코노미 스타트업에 투자하는 돈하고 인플루언서 마케팅에 투자하는 비용을 비교한 통계가 타임스에 실렸어요. 크리에이터 이코노미 스타트업은 한국으로 치면 MCN 같은 거죠. 그러니까 크리에이터 개인이 아닌 그들을 관리해주는 소속사에 대한 투자 금액은 2021년도 2분기에 정점을 찍고 급속도로 추락하고 있습니다. 전 세계적으로 보더라도 MCN이나 관련 스타트업에 관한 투자는 엄청나게 줄어들고

* 탈중앙화와 개인의 콘텐츠 주권 회복, 개방성 등을 특징으로 하는 차세대 웹의 특징을 지칭하는 말이다.

있는 거죠. 반면에 인플루언서 마케팅 그러니까 크리에이터에게 직접 광고를 요청하고 투자하는 마케팅 비용은 계속 상승하고 있어요. 이게 어느 정도 수준이냐면, 2019년에 비해서 2023년에 2배 이상 증가할 것으로 예상되고 있습니다. 이런 현상이 의미하는 건, 이제 시장의 돈도 이들을 관리해주는 기업이나 시스템에 투자하는 게 아니라, 점점 더 직접 콘텐츠를 만드는 개인 크리에이터에게 투자하는 시대가 됐다는 거죠. 그리고 이런 현상이 생성형 AI 시대에는 급속도로 심화될 것 같습니다.

미국 크리에이터 스타트업 투자 비용 추이(출처: The Information Creator Economy Database)

미국 인플루언서 마케팅 투자 비용 추이(출처: Insider Intelligence)

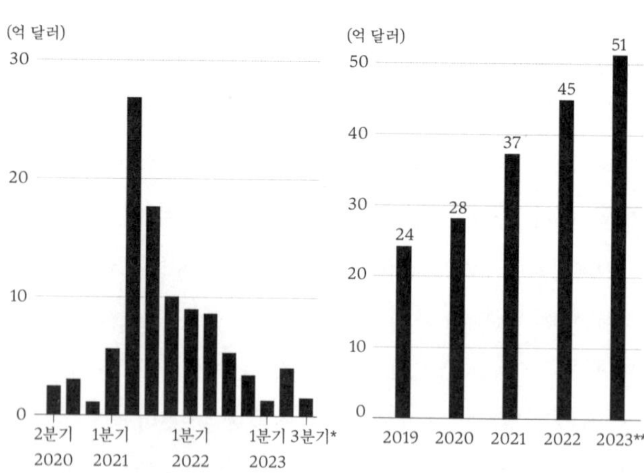

* 2023년 3분기 값은 8월 25일까지의 수치를 반영한 것이다.

** 2023년 수치는 예측값이다.

송태민 왜 이런 현상이 일어나고 있는지는, 제가 크리에이터를 오랫동안 해왔으니까 정확하게 설명을 해드릴게요. 해외나 국내 MCN들이 지금 다 죽어가고 있습니다. 저도 MCN에 소속되어 있다 나왔으니까 많은 속사정을 알고 있어요. 예를 들어서 한 MCN이 1,000명의 크리에이터가 있다고 얘기하지만, 결과적으로 이들의 수익은 광고로 인해 발생합니다. 즉, 광고를 따와서 줘야 되는데, 자기네가 보유한 유튜버가 1,000명 있다고 치면, 제일 구독자가 많은 윗선으로 갈 수밖에 없어요. 그래서 많은 유튜버들이 처음에는 '나도 MCN이 생겼어'라고 좋아하지만, 실제로 MCN이 유튜버들에게 일은 하나도 안 주는 상황이 반복되는 겁니다. 그리고 광고주 입장에서도 크리에이터 개인에게 돈을 주는 게 더 유리한 게, 보통 광고를 받아오면 크리에이터와 MCN이 5대 5로 나눕니다. 근데 이게 한두 번 하다 보면 광고주도 크리에이터에게 직접적으로 일을 맡기는 게 더 좋다는 것을 압니다. 그럼 중간에 있는 회사의 의미가 없어지는 거예요. 그래서 점점 이 MCN의 역할을 크리에이터들이 품기 시작한 거죠. 저 같은 경우는 사업을 했던 사람이니까 크리에이터의 역할을 하면서 동시에 MCN 역할을 할 수 있습니다. 근데 크리에이터만 했던 사람들은 경영이나 영업이 불가능한 거예요. 그래서 크리에이터 본인이 스스로 MCN 즉 1인 소속사처럼 전문가를 고용해 경영과 영업을 해나가기도 하고, 다른 크리에이터랑 콜라보하며 새로운 콘텐츠를 만들고, 기획사처럼 새로운 크리에이터를 만들어 나가기도 하고 있죠.

김덕진 앞으로 생성형 AI가 활성화되면 이런 경향이 더 커질 것 같아요. 일단 AI를 이용하면 개인이 예전보다 훨씬 짧은 시간 내에 수많은 콘텐츠를 제작할 수 있잖아요. 송태민 소장님도 '검정복숭아' 채널 말고 유튜브 채널을 많이 가지고 계시고, 그중에 실버버튼 있는 채널도 20개가 넘으시잖아요. 이게 예전 같으면 크리에이터 개인이 할 수 없는 일인데, AI 툴을 이용해 크리에이터가 하나의 기업처럼 콘텐츠를 계속 찍어낼 수 있게 된 거죠. 혹시 지금 콘텐츠 제작에 AI를 어떤 식으로 활용하고 계시는지 말씀해 주실 수 있을까요?

송태민 일단 제가 지금 유튜브 같은 경우는 약 150개 정도의 채널을 가지고 있어요. 150개 채널 중 25개 정도가 10만이 넘는 채널입니다. 또 제가 현재 공개할 수 없는 구독자 100만짜리 골드버튼 채널이 한 개 있고요. 예전 같으면 150개의 채널과 거기에 올라오는 콘텐츠를 크리에이터 개인이 운영하는 건 불가능하죠. 하지만 생성형 AI를 이용한다면 지금은 가능합니다. 제가 운영하는 채널 중에 하나로 예를 들면 'dogAni AI'라는 채널이 있습니다. 여기에는 제가 2022년부터 AI로 영상을 만들어서 올리기 시작했어요. 현재 이 채널이 43만 명의 구독자를 가진 채널인데요. 영상은 440개가 올라와 있습니다. 440개 영상 제가 며칠 만에 만들었을까요?

김덕진 그래도 한 달 정도는 걸리지 않으셨나요?

송태민 3일 만에 만들었습니다. 이런 게 가능했던 게, 아무리 크리에이터라고 해도 저런 속도가 불가능해요. 당시에 제가 다른 사람들보단 빠르게 AI를 활용했는데, AI로 그림을 제작하려면 어떤 프롬프트를 넣어야 본인이 원하는 그림이 생성되는지를 모으기 시작했어요. 즉, 이 'dogAni AI'라는 채널은 '특정 그림을 만들기 위해 넣어야 하는 프롬프트'를 라이브러리처럼 볼 수 있는 채널이라고 생각하시면 돼요. 물론 이건 하나의 예시고, 이외에도 콘텐츠를 만드는 데 AI를 활용하는 방식은 지금 너무 다양해요. 하냐, 안 하냐 그리고 결과물이 나올 때까지 지속하는 인내의 문제인 것 같아요.

현재 진행 중인 AI 콘텐츠 저작권 문제

송태민 그리고 요즘 유튜브에 가장 많이 올라오는 AI 콘텐츠 중에 하나가 'AI 커버곡'이잖아요. 예를 들어 'AI

임재범이 부르는 사건의 지평선(원곡 가수: 윤하)'이나 'AI 지드래곤과 AI 아이유가 부른 한 여름밤의 꿈(원곡 가수: 산이, 레이나)' 같은 영상이요. 물론 임재범이 '사건의 지평선'을 부르진 않았죠. 목소리나 얼굴 같은 것을 학습시켜서 가짜로 만들어내는 것을 딥페이크 기술이라고 하잖아요. 이 기술을 위해선 목소리를 학습하기 위한 소스가 필요한데, 연예인이나 저처럼 유튜브 방송을 하는 사람들의 소스 찾기는 너무 쉽습니다. 예를 들어 볼까요? 아이유의 목소리를 복제해서 AI가 그 목소리로 '남행열차'를 부르게 하는 데 얼마나 걸릴까요? 아이유의 노래 다섯 곡을 다운로드받고, 이 소스 데이터를 통해 4시간 정도만 학습하면 아이유의 목소리와 굉장히 비슷해져요. 그러면 노래를 커버시키는 목소리 데이터는 제가 추출한 상태죠. 이걸로 노래만 다운받아서 AI 툴에 돌리면 5분이면 아이유가 부른 '남행열차' 커버곡이 완성돼요. 근데 방금 제가 학습시키는 데 4시간이 걸린다고 했잖아요. 또 이 학습된 목소리 데이터들만 모아둔 사이트가 있습니다.

김덕진 사실 이 부분은 악용될 여지가 다분하죠. 누구나 타인의 목소리를 가지고 너무 쉽게 목소리 복제를 할 수 있으니까요. 물론 지금 AI 저작권 이슈에 대한 해결방안은 명확하지 않아요. 모든 영역이 마찬가지지만,

AI 커버곡의 경우 유튜브 알고리즘에서도 아직 '가창자에 대한 저작권'이 명확하지 않다고 알고 있습니다.

송태민 맞아요. 예를 들어 AI 툴을 이용해 브루노 마스가 뉴진스의 노래를 부르는 콘텐츠를 만든다면, 원곡 가수인 뉴진스에게는 수익이 돌아가지만, 목소리를 이용당한 브루노마스에게는 아무런 수익도 돌아가질 않아요. 그래서 앞으로 이게 저작권법 위반이 될 수도 있고, 제2 창장물로 인정될 수도 있다는 얘기가 공존하고 있어서 정확히 어떻게 될지는 모르겠습니다. 제가 얼마 전에 어떤 엔터테인먼트랑 인터뷰를 했어요. 소속돼 있는 가수의 목소리로 만들어진 AI 커버곡이 요즘 돌고 있는데, 어떻게 생각하시냐고 물어봤습니다. 관계자분의 답변이 처음에는 너무 당황했고 나중에는 무서워지고, 지금은 열 받는데, 지금 이 상황을 어떻게 대응해야 할지를 모르겠다고 하더라고요.

김덕진 저도 이 이슈를 보면서 몇 가지 생각이 들었던 게, 먼저 가이드 가수들이 다 없어지겠다는 생각이 들었어요. 이제는 가이드 가수 없이 내가 작곡한 곡을 사람들에게 샘플로 보여줄 때, 본인이 만약 아이유에게 납품을 하고 싶으면 내가 만든 곡을 AI 아이유 목소리로 부른 걸 보여줄 수도 있겠죠. 이게 작곡가에게는 굉장히 편리한 도구가 될 수도 있겠지만, 반대로 가창자에게는 놀라움과 함께 공포를 줄 수도 있을 것 같아요. 아울러 작곡가는 이제 누군가에게 납품하기 전에 미리 내 곡이 어떤 가수와 어울릴지 들어볼 수 있겠죠. 그리고 AI로 재생시킨 가수 중 가장 듣기 좋았던 가수에게 실제로 의뢰하는 거죠.

송태민 김덕진 소장님은 음악을 포함한 생성형 AI 콘텐츠 영역에서 저작권 문제가 앞으로 어떻게 전개될 거라고 보세요?

김덕진 AI를 이용해 만든 콘텐츠에 관한 저작권 문제는 아직 현재 진행 중인 상황이잖아요. 일단 AI 저작권 문제는 생성되는 결과물에 대한 저작권과 학습되는 데이터에 대한 저작권 두 가지로 나눠서 살펴봐야 합니다. 현재는 생성되는 콘텐츠에 대한 저작권은 없다는 쪽에 가까워요. 내가 만든 게 아니라 AI라고 하는 또 다른 주체가 만든 것이기 때문이죠. 물론 논란이 많이 되고 있죠. 말씀해주신 커버곡 등의 음악 AI 문제뿐만 아니라 미국의 게티이미지(Getty image)사의 이미지를 AI가 학습한 사례도 저작권 소송*이 진행되고 있고요. 아직 결론은 안 났지만, 미국에서 나오고 있는 의견을 보면 생성형 AI라고 해도 저작권으로부터 자유로울 수 없다는 내용이 우세합니다. 아울러 EU에서 '생성형 AI가 만든 결과물에 대해선 AI가 만들었다는 라벨링을 하자'

* 세계 최대의 이미지·영상 플랫폼인 미국 게티이미지는 지난 2월 스테빌리티AI를 상대로 2,268조 원의 초대형 손해배상 소송을 제기했다. 해당 AI 기업이 허가를 받지 않고 게티이미지 소유 이미지 수백만 개를 AI 학습에 사용했다는 게 소송을 제기한 이유다.

라는 논의가 빠르게 통과되어 2026년부터는 빅테크 기업들이 생성형 AI를 가지고 서비스를 하려면 그런 가이드라인을 지켜야 할 겁니다. 그럼에도 불구하고 앞으로 1차적으로는 그런 식으로 저작권을 보호할 수 있겠지만, 2, 3차적으로 도용될 수 있다는 것은 명확한 것 같아요. 다만 우리가 그 상황을 좀 다르게 생각해 볼 수도 있을 것 같은데, MP3라는 게 처음 나왔을 때 사람들이 많이 걱정했던 게 음악 파일 복제가 너무 쉽다는 거였잖아요. 그래서 처음 MP3가 나왔을 때 복제와 도용에 관한 우려가 매우 컸어요. 근데 흥미롭게도 지금 대부분의 사람들은 MP3 파일을 안 쓰잖아요. 디지털 음원이라는 방식으로 시장이 바뀌었기 때문입니다. 그래서 음반 시장은 MP3 파일의 복제와 도용이 시장을 위축시킬 것이란 우려와 달리 예전보다 오히려 더 커졌습니다. 기술의 변화를 통해 콘텐츠의 표현 방식을 넘어 콘텐츠를 구매하는 방식과 유통하는 방식이 달라진 것이죠. 지금도 MP3 파일 다운로드 받을 수 있지만, 사람들이 어떻게 생각하나요? "파일 받아서 넣고 그러는 시간에 차라리 내가 얼마 내고 스트리밍으로 듣고 말지." 이런 인식으로 바뀌었잖아요. 그러다 보니까 가수들도 그런 기술의 변화에 맞춰서 시스템이 바뀌었죠. 옛날에는 CD 한 장을 몇 년 동안 만드는 구조였다면, 디지털 음원으로 아이돌 가수들이 365일 내내 시즌으로 활동하기도 하고, 또 디지털 음원을 매개로 해서 콘서트를 통해 돈을 벌거나 다른 굿즈를 통해서 버는 식으로 비즈니스가 확장되었죠. 즉, 생성형 AI들이 지금 상태의 저작권법 안에선 문제를 발생시킬 수 있지만, 우리가 처음 MP3 파일이 나왔을 때 스트리밍에 이렇게까지 돈을 쓸 거라고 아무도 예상 못했던 것처럼 또 다른 방식의 콘텐츠와 시장 그리고 유통 방식의 변화가 생길 거라고 봅니다. 아날로그에서 디지털로 전환되면서 많은 비즈니스가 재편성된 것처럼 말이죠.

AI 시대, 인간의 창의성

김덕진 '창의(創意)'라는 게 국어사전을 보면 '새로운 의견을 생각하여 낸다'는 의미잖아요. 단순히 '의견을 만들어내는 것'은 이제 생성형 AI가 얼마든지 할 수 있어요. 다만 우리는 '창의'의 뜻에서 '새로운'이란 말에 주목해야 할 것 같아요. 생성형 AI는 어쨌든 새로운 의견을 만들어내는 녀석은 아닙니다. 우리가 발견하지 못했을 뿐이지 기존에 어딘가 존재하는 데이터를 기반으로 무수히 많은 의견을 쏟아내는 존재일 뿐이죠. 거기서 '새로움'이란 창의성을 만들어내는 건 여전히 인간의 영역입니다. 다만 이 '새로움'을 만들어내기 위해선 앞서 송태민 소장님 말씀처럼 줏대가 있어야 해요. '새로움'이란 건 다른 데에서 나오는 게 아니라 개인이 오랫동안 지속해온 명확한 가치관에서 나오기 때문입니다. 그런 줏대로 AI가 쏟아내는 콘텐츠들을 자기 나름대로 연결하여 '새로움'을 만들어내는 게 AI 시대 인간의 창의성이 될 거라고 봅니다.

송태민 앞서 제가 '창의성은 줏대다'라는 말을 했지만, 다른 말로 하면 AI 시대의 창의성은 그런 줏대를 가지고 '관계없는 것들을 잇는 능력'이라고 봅니다. 서로 관계없는 것들을 이어 스토리라인을 만드는 건 사람만이 가능하거든요. "현재라는 모든 점이 이어져 미래를 만든다는 것을 우리는 믿어야 한다"라는 스티브 잡스의 유명한 명언이 있죠.* 모든 경험이 이어져 새로운 아이디어가 나오는 것인데, AI는 전혀 상관없는 두 영역을 자발적으로 잇지 못합니다. 예를 들어 제가 일부러 AI

* 이외에도 스티브 잡스는 창의성에 관해 '연결하는 능력'이라고 언급하며 다음과 같이 언급했다. "창의성이란 서로 연결하는 능력이다. 창의적인 사람들에게 어떻게 대단한 일을 해냈는지 물어보라. 자신이 딱히 한 일은 없고, 그들은 어쩌면 조금 죄책감을 느낄지도 모른다. 사실 정말 한 것이 없기 때문이다. 그들은 단지 무언가를 보았을 뿐이고, 얼마 후에 해결책을 더 선명하게 보였을 뿐이다. 그들에게는 그동안의 경험을 연결하고 종합해 새로운 것을 창조할 능력이 있었다. 다른 사람들보다 더 많이 경험하고 그 경험들에 관해 더 많이 생각했기에 가능한 일이었다." (1995년 2월, 미국의 월간 잡지 '와이어드'에 실린 스티브 잡스의 말)

에게 '출판과 음반을 연결해 새로운 콘텐츠를 생성해줘' 라고 요청하지 않는 이상 AI는 출판과 음반을 연결할 발상 자체를 못하는 것이죠. 물론 사람이 경험하는 것은 AI가 학습한 데이터에 비해선 매우 적은 수준일 수 있습니다. 그러나 이렇게 전혀 상관없는 것들을 이어지게끔 만드는 능력은 사람만이 가능하다고 봅니다.

김덕진 결국 풍부한 경험을 하고, 그것을 잇는 게 AI 시대의 창의성이라는 말씀이시죠?

송태민 네, 근데 말씀드린 것처럼 풍부한 경험 자체는 AI가 훨씬 더 많겠죠. 데이터가 많으니까요. 다만 전혀 상관없는 것들을 어떻게 매칭시킬지에 대한 고민은 인간만이 하죠. AI는 그런 고민을 하지 않으니까요.

김덕진 말씀을 들으니까 이런 생각도 듭니다. 앞으로는 새로운 가설을 만들어낸다는 게 인간의 창의와 많이 연결될 것 같아요. 원래 의견과 가설은 다르잖아요. 내가 어느 정도 정제된 내용을 가지고 얘기하는 게 의견이라면, 가설은 좀 더 브레인스토밍에 가깝죠. 예전에는 어느 정도 검증된 것을 얘기하는 게 창의의 영역이었다면, 저는 가설을 쏟아내는 능력이 앞으로 인간의 창의성에서 더 중요해질 거라고 봅니다. 좋은 질문도 중요하지만, 때로는 머릿속에 있는 수많은 질문을 AI에게 인내를 갖고 계속 쏟아내고, 이어서 '새로움'이라는 결과를 도출해내는 것. 이것이 AI 시대의 창의성이 아닐까 생각이 듭니다. 그리고 그런 창의성이 AI 시대 대체되지 않는 인간을 만들고, 비로소 인간의 본질은 더욱 선명해질 수 있다고 생각합니다.

생성형 AI 서비스 목록

종합 AI

챗GPT ChatGPT	오픈AI에서 개발한 AI 챗봇. 광범위한 대화 주제를 제공하며 대화 내용을 기억할 수 있다. 모더레이션 API로 부적절한 질문은 차단한다. 2021년 이후의 지식은 제한되어 있다. 정확성과 신속성을 가지고 있으나, 가끔 잘못된 정보를 제공할 수도 있다. 대중에게 가장 널리 알려졌으며, 일상 대화·지식 검색·문서 요약·번역·창작 지원 등 다양한 기능을 제공한다. 사용자의 입력에 따라 유연하게 대응하여 정보를 제공하고, 다양한 작업에 활용될 수 있다.
바드 Bard	구글이 개발한 AI 챗봇. 영어, 일본어, 한국어 3개 국어를 제공한다. 높은 정확성을 가지고 있어 없었던 일을 소설처럼 만들어내는 경우가 드물다. 매일 업데이트되는 최신 정보를 제공한다. 프롬프트 입력을 마이크로도 할 수 있고 답변을 TTS로 들을 수 있으며, 이미지 자료도 제공한다. 한 질문에 대해 3가지의 답안을 제공한다. 다양한 프롬프트와 질문에 대한 응답으로 의사소통하고 사람과 같은 텍스트를 생성한다.
빙챗 BingChat	마이크로소프트가 오픈AI와 제휴하여 공개한 AI 챗봇. 챗GPT4에서 검색 분야로 특화된 프로메테

우스 모델을 기반으로 하여 신속성과 정확성이 챗GPT와 비교해 더 우수하다. 제공한 정보의 출처가 표기된다.

클로바X ClovaX	네이버의 거대언어모델인 하이퍼클로바X를 기반으로 한 대화형 AI 서비스이다. 한국 문화와 언어 맥락을 잘 이해하고 있으며 네이버 내·외부의 다양한 서비스 API를 연결하는 시스템 '스킬(skill)' 기능을 도입했다. 이를 통해 쇼핑이나 여행 등 기존 언어 모델 자체의 성능을 뛰어넘어 다양한 버티컬 서비스에 더 쉽게 접근하는 향상된 서비스 경험을 제공하고 있다. 2023년 9월 현재 베타서비스 진행 중이다.

챗GPT의 API를 활용한 종합 AI

웍스 AI wrks.ai	직장인을 위한 최적화된 AI서비스. 번역이나 이메일, 회의록 작성과 같이 회사에서 자주 필요로 하는 일들에 있들을 AI의 도움을 받아 쉽게 처리할 수 있게 구성된 서비스. 회사 기밀 유출이나 대화 학습 가능성을 원천 차단하여 사용자의 대화가 다른 곳으로 유출될 부분을 물리적으로 사전 차단하였다.
뤼튼 wrtn	뤼튼테크놀로지스에서 개발. 오픈AI의 GPT 모델과 네이버 하이퍼클로바X 모델이 기반이다. 다양한 비즈니스 분야 글의 초안 작성을 돕는 50여 가

지 툴과 챗봇 서비스를 통합한 올인원 플랫폼이다. 입력에 따라 유연하게 대응하여 정보를 제공하고, 다양한 작업에 활용될 수 있다.

아숙업 AskUp	업스테이지에서 개발한 카카오톡 챗봇 서비스. 업스테이지의 OCR(광학문자인식) 기술과 챗GPT4를 결합했다. 카카오톡 채널로써 PC와 모바일 카카오톡 어플에서 바로 사용할 수 있다.
포 Poe	쿼라(Quora)에서 개발한 AI 챗봇. OpenAI의 GPT와 Anthropic의 모델로 구동된다. GPT를 비롯한 다양한 텍스트 생성 AI 모델에 대한 액서스를 제공한다.
구루미 AI 스페이스	화상플랫폼으로 유명한 구루미에서 만든 AI플레이그라운드. GPT를 비롯한 다양한 생성형 AI 모델에 대한 액세스를 제공하고 자사 데이터, 실시간 정보도 연동해 쓸 수 있게 해준다.

글쓰기 AI **국내 서비스**

라이팅젤 Writinggel	앱플랫폼이 출시한 자연어처리 AI 글쓰기 서비스. 오픈AI와의 파트너십을 통해 창의적 글쓰기를 할 수 있도록 지원한다. 글 자동 완성 기능, 웹 소설 쓰기, 뉴스레터, MBTI 연애편지, 소설 패키지 등의 메뉴를 제공하며 사용자가 자신의 콘텐츠를 만들 수 있게 돕는다. 아직 긴 글을 자연스럽게 이어

쓰는 것은 기대치에 미치지 못하지만 적당히 활용하여 짧은 문장, 소설의 한 문단 등을 쓸 때 사용하여 자신만의 글을 창작하는 데에 도움을 받을 수 있다.

타입잇 Typeit	챗GPT3 모델을 활용한 웹사이트 디지털 콘텐츠, 제품 마케팅, 비즈니스 이메일, 블로그 글 등의 비즈니스 카피라이팅을 해주는 AI 서비스.

국외 서비스

슈도라이트 Sudowrite	오픈AI의 챗GPT3를 기반으로 만들어진 AI 소설 생성 프로그램. 작성한 내용을 인터페이스에 입력하고 몇 가지 단어를 선택한 후 AI가 불길한 어조, 더 깊은 내면의 갈등 등으로 다시 쓰도록 하거나, 줄거리를 틀거나, 은유를 더해 작성하도록 할 수 있다.
노션 AI Notion AI	2022년 11월, 노션에 추가된 AI기능이다. 챗GPT 느낌 일부를 노션 환경에 맞게 개선했다. 노션은 글쓰기에 특화된 만큼, 노션 AI도 글쓰기 기능에 초점이 맞춰져 있다. 요약을 하거나 글을 시작할 수 있도록 도와주거나 이미 존재하는 글을 변형할 수도 있다. 영어를 활용할 때 가장 자연스러운 결과를 도출한다. 단순 글쓰기를 넘어 할 일 목록을 작성하는 용도로도 활용할 수 있다. 회의록에서 액션 아이템 추출하기, 고객 리서치 자료에서 인사이

트 도출하기 등의 작업을 할 수 있다.

제스퍼 Jasper	음성 인식 기술과 TTS 제공. 짧은 글을 쓰는 것에 특화되어 있어, 소설 같은 긴 글을 쓰는 것에는 큰 도움이 되지 않는다. 다양한 목적에 맞는 콘텐츠를 생성할 수 있도록 도와준다. 제스퍼 를 사용하면 제품 설명, 블로그 포스트 인트로, 기사 개요, 이메일 제목 등과 같은 콘텐츠를 만들 수 있다.
카피 AI Copy AI	다양한 어조와 목적에 맞는 짧은 콘텐츠와 긴 콘텐츠를 다양한 형식으로 생성할 수 있도록 도와준다. 25개 이상의 언어로 텍스트를 생성하며, 블로그 헤드라인, 이메일, 소셜 미디어 콘텐츠, 웹 카피 등 다양한 유형의 콘텐츠를 생성하는 AI다.
애니워드 Anyword	웹 사이트, 소셜 미디어, 이메일 및 광고에 대한 마케팅 텍스트를 생성하고 최적화하기 위해 자연어 처리를 사용하는 AI 플랫폼을 제공한다. 챗GPT3, T5 및 CTRL을 포함하여 사전 훈련되고 미세 조정된 모델의 조합을 사용한다. 광고, 랜딩 페이지, 제품 목록, 소셜 게시물, 이메일 및 SMS에 대한 마케팅 카피를 생성하고 최적화한다.

그림 AI

미드저니 Midjourney	2022년 7월 12일 인공지능 연구소 미드저니에서 개발한 AI 소프트웨어이다. 웹사이트에서 그림을 생성하는 것이 아닌, '디스코드(Discord)'서버에서 그

림 생성이 진행된다. 생성된 이미지를 선택하여 변형을 할 수도 있고, 파일을 업로드 하여 이미지와 유사한 새로운 AI 그림을 만들어낼 수도 있다.

스테이블 디퓨전
Stable Diffusion

오픈소스로 공개된 이미지 생성 AI. AI실사, 반실사, 애니일러스트 등 원하는 스타일에 따른 AI 모델을 다운로드 받아 사용할 수 있다. 프롬프트 입력으로 고퀄리티 이미지를 생성한다. 한글 프롬프트는 입력할 수 없다.

노블 AI
Novel AI

2022년 10월 3일 출시된 그림 및 글쓰기 AI. 온라인 클라우드 기반 SaaS 모델 유료 구독 서비스이다. 델라웨어주에 위치한 안라탄(Anlatan)에 의해 운영 중이다. 주로 애니메이션 화풍의 그림을 가장 잘 그려내므로, 애니메이션 배경이나 간단한 인물을 그려낼 때 사용하면 가장 활용도가 높다. 한글 프롬프트는 입력할 수 없다.

달리
DALL-E

오픈AI사가 챗GPT3 모델을 개조하여 만든 것으로, 사용자의 간단한 설명 텍스트로 원하는 이미지를 만들어낼 수 있다. 사이트 로그인 후 사용할 수 있으며, 일부 텍스트는 제한된다. 생성된 이미지당 요금이 부과된다. 이미 가지고 있는 사진을 업로드 후 편집을 하거나, 인공지능이 사진을 분석해 사진을 변형시킬 수 있도록 할 수도 있다. 그리고 아웃 페인팅 기술을 활용해 본인이 그린 그림 혹은 사진의 바깥 부분을 AI가 자동 생성하도록 할 수 있다. 한글 프롬프트도 입력할 수 있다.

영상 제작 AI

스튜디오 Studio	스테이블 디퓨전과 챗GPT3를 기반으로 한 영상 생성 AI다. 인물이나 캐릭터의 사진을 업로드하면 실제처럼 말하고 표정 짓는 아바타를 생성해준다.
젠2 GEN2	런웨이리서치(Runway Research)가 개발한 영상 생성 AI. 영상뿐만 아니라 이미지와 3D 모델 생성도 제공한다. 텍스트를 입력하고 생성된 4개의 이미지 중 하나를 고르면 AI가 그 이미지의 영상 버전을 제작한다.
픽토리 Pictory	텍스트로 영상을 생성하거나 편집할 수 있다. 텍스트를 입력하고 몇 가지를 선택(템플릿 스타일과 화면 사이즈)하면 AI가 영상을 생성한다. 자막을 생성하고, 블로그의 내용을 영상으로 만들어주며, 대본에 맞는 영상을 찾아 넣어주는 기능이 있다.

음악 AI

비트봇 AI Beatbot AI	텍스트 프롬프트를 기반으로 짧은 노래를 작곡한다. 가사와 보컬을 제공하며, 퀄리티가 높다. 스플래시 사운드 루프를 사용하여 음악을 만들고, 챗GPT3가 가사를, AI 래퍼가 보컬을 담당한다.
사운드로우 Soundraw	프롬프트를 사용하지 않는다. 장르, 분위기, 박자, 길이, 악기 등의 카테고리를 선택하면 AI가 그에 맞는 음악을 다수 생성해 제공한다.

PPT 슬라이드

감마 Gamma	PPT, 문서, 웹사이트를 생성할 수 있다. PPT, 구글 문서 등과의 호환성이 좋다. 기본적으로 제공되는 템플릿과 도구들로 PPT를 빠르고 쉽게 만들 수 있다. AI 챗봇과의 대화로 PPT를 수정할 수 있다.

로고 제작

브랜드마크 Brandmark.io	생성한 로고를 사용한 상품 이미지를 제시해준다. 브랜드명과 키워드, 스타일을 선택하면 그에 따른 로고를 생성해준다. 생성된 로고를 사용자가 편집할 수 있다.
브랜드크라우드 Brandcrowd	brandmark.io보다 다채로운 디자인의 로고 제작 AI 서비스이다.

TTS 음성 생성

일레븐랩스 ElevenLabs	감정과 억양을 합성하여 실제와 같은 음성을 생성한다. 언어 입력의 맥락에 따라 전달의 억양과 속도를 조정하도록 제작되었다. 프리미엄 사용자는 사용자 정의 음성 샘플을 업로드하여 새로운 보컬 스타일을 만들 수 있다.
타입캐스트 Typecast	자연스러운 한국어 텍스트 음성 변환 서비스. 사실적인 AI 성우들을 제공한다. 사용자가 디테일한 빠

르기와 어조 등을 직접 설정하여 보다 자연스러운 음성을 생성할 수 있다.

기타 응용 툴

레셔네일 AI Rationale AI	기업 및 개인이 균형 잡힌 의사 결정을 내릴 수 있도록 설계된 AI 기반 의사 결정 도구. GPT 및 상황별 학습 알고리즘을 사용한다. 결정에 따른 장단점, SWOT, 다중분석, 인과관계를 분석해 제공한다.
네이버 클로바노트	녹음 또는 파일을 첨부하면 AI가 음성을 인식하여 텍스트로 변환하며, 정확도가 높다.

인간이 지워진다

AI 시대, 인간의 미래

김덕진, 송태민, 우희종, 이상호, 류덕민 지음

초판 1쇄 2023년 10월 10일 발행

기획 맹준혁, 진용주, 신혜선
편집 맹준혁
디자인 조주희
마케팅 최재희, 신재철, 김예리
인쇄 예인미술

펴낸이 김현종
펴낸곳 (주)메디치미디어
경영지원 이도형, 이민주, 김도원
등록일 2008년 8월 20일 제300-2008-76호
주소 서울특별시 중구 중림로7길 4, 3층
전화 02-735-3308
팩스 02-735-3309
이메일 medici@medicimedia.co.kr
페이스북 facebook.com/medicimedia
인스타그램 @medicimedia
홈페이지 www.medicimedia.co.kr

ISBN 979-11-5706-300-0(03300)